文經閣

貧者因書而富
富者因書而貴

文經閣

貧者因書而富
富者因書而貴

先秦經典智慧名言故事叢書

張樹驊◎主編

群經之首

周易

智慧名言故事

李秋麗◎編著

《周易》被冠以「群經之首」的美稱，是我國最古老的典籍之一。它蘊含著神妙的智慧和博大精深的思想。古往今來，對《周易》進行的注解和詮釋，可謂卷帙浩繁，汗牛充棟。《周易》本來就是記載古人占筮活動的基礎上形成的一部經典，使《周易》蒙上了一層神秘的面紗。今天的我們，如何準確理解《周易》的真實含義，批判地繼承其中所蘊含的精華。《周易》思想博大精深：「易道廣大，無所不包，旁及天文、地理、樂律、兵法、韻學、算術，以逮方外之爐火，皆可援《易》以為說。」電腦的發明就是受易經的啟發。《易經》的科學理論向我們展示了古代先民的偉大智慧的魅力。

導讀

被冠以「群經之首」的《周易》，是我國最古老的典籍之一。它蘊含著神妙的智慧和博大精深的思想。古往今來，對《周易》進行的注解和詮釋，可謂卷帙（帙音ㄓˋ）浩繁，汗牛充棟，而且各家又眾說紛紜，莫衷一是，給後人增加了許多理解上的困難。再者，《周易》本來就是在記載古人占筮活動的基礎上形成的一部經典，這就更使《周易》蒙上了一層神秘的面紗。在文化昌明的今天，如何以正確的態度去看待《周易》，如何準確理解《周易》的真實含義，批判地繼承其中所蘊含的精華，對於弘揚傳統文化，實現傳統文化的現代化，建設富有現代意義的社會主義新文化，提高整個中華民族的思想道德水準，塑造全民族尤其是青少年的高尚品德，都具有非常重要的理論意義和緊迫的現實意義，成為我們每一位炎黃子孫都應該認真考慮的問題。

「周易」一詞，最早的記載見於《左傳・莊公二十二年》：「周史有以《周易》見陳侯者。」《左傳・昭公七年》又有記：「孔成子以《周易》筮（筮音ㄕˋ）之。」可見，「周」、「易」

兩字合用最晚不會晚於戰國時期。「周」字有兩種理解：一是周普，二是周朝。「易」字主要指變化。總之，「周易」指普遍的變化，而《周易》一書就是古人對宇宙、人生變化規律的總結。

《周易》一書是在不斷發展中形成的。「易道深矣，人更三聖，世歷三古。」（《漢書．藝文志》）春秋時期，《周易》只有六十四卦卦畫和卦爻辭。到了戰國時期，《易傳》成書。因此，我們今天見到的《周易》就包括《易經》和《易傳》兩部分內容。一般認為，《易經》是文王被商紂王囚於羑里（今河南湯陰）時而作；《易傳》是儒家的作品，反映了孔子的思想。其實，不管是《易經》還是《易傳》，皆非一時一人所為，而是集體智慧的結晶。

《周易》古經有其獨特的符號表述系統和文字表述系統。《周易》中基本的爻畫有兩種：「⚊」和「⚋」。「⚊」表示陽爻，「⚋」表示陰爻。八卦是由任意三爻組合而成，八卦也就是八經卦：乾、坤、震、巽、坎、離、艮、兌。八卦分別象徵八種自然物，乾為天、坤為地、震為雷、巽為風、坎為水、離為火、艮為山、兌為澤。八卦符號相重，構成了六十四別卦。

《周易》古經除了有以上所說的符號表示系統——卦畫外，還有其文字表述系統，即卦辭和爻辭。卦辭是一卦總體內容的意思表達。爻辭是對於對應的爻所涵攝的內容所作的詮釋。《周易》共有六十四條卦辭，三百八十四條爻辭。

《易經》由符號系統和文字系統構成而趨於完美。從其排列看，六十四卦是一個整體，體現了天地演化的思想。六十四卦卦名有乾、坤、屯、蒙、需、訟、師、比、小畜、履、泰、否、同人、大有、謙、豫、隨、蠱、臨、觀、噬嗑、賁、剝、復、無妄、大畜、頤、大過、坎、離、咸、恆、遯、大壯、晉、明夷、家人、睽、蹇、解、損、益、夬、姤、萃、升、困、井、革、鼎、震、艮、漸、歸妹、豐、旅、巽、兌、渙、節、中孚、小過、既濟和未濟。上經三十卦的乾坤兩卦代表天地，坎離兩卦代表萬物形成。下經咸恆兩卦代表天地形成而產生了人，人又分男女，從而有了婚姻和家庭。最後兩卦既濟和未濟代表事物循環往復，以至無窮。《易經》的學說框架向我們展現了古代先民偉大智慧的魅力。

「傳」是對「經」的解釋和闡發。戰國初期和中期，以解釋《易經》為宗旨的《易傳》成書了。漢代的人稱其為「十翼」，包括《彖（音ㄊㄨㄢˋ）傳》上、下，《象傳》上、下，《繫辭》上、下，《文言》、《說卦》、《序卦》和《雜卦》。《易傳》對《易經》作了深刻的闡發，使《易經》所蘊含的智慧和哲理得以發掘，從而圓滿地彰顯出來。它揭示了卦與卦之間、卦象與卦辭之間、爻象與爻辭之間、卦與爻之間的內在聯繫，發揮了儒家的倫理思想，從現實社會人生和道德的角度詮釋《易經》，為《易經》這一原本用於卜筮的書增添了修身治國的色彩，使其能更好地用來指導紛繁複雜的現實社會人生。

《周易》思想博大精深：「易道廣大，無所不包，旁及天文、地理、樂律、兵法、韻學、算術，以逮方外之爐火，皆可援《易》以為說。」(《四庫全書總目．〈易〉類小序》)《周易》在古代雖為占筮之書，然透過神秘的占筮外衣，其所包含的整體思維、陰陽觀念、符號系統、中庸原則、變化思想等，至今仍然煥發出奪目的光芒。尤其是，它揭示了「崇德廣業」的內聖外王之道，告訴我們應如何安頓我們的生命和回應外在的世界；提供了謙讓憂惕、居安思危等諸多修養原則和自強不息、厚德載物的治國之道，對我們當今社會仍有很大的借鑑意義。在這個意義上說，《周易》是一部觀照人生的哲學著作。

在本書的撰寫過程中，筆者本著傳承文明、開拓創新的原則，力圖使《周易》這部經典穿越五千年的時空隧道來與我們現代社會對話。本書力圖發掘《周易》的精華，給予創新的詮釋。本書從體例上分為三個部分：

首先是名言。《周易》一書中蘊含著古人對社會、人生探索的智慧結晶。所選名言所依據的版本是阮刻《十三經注疏》本。本書共選取了五十一則膾炙人口、發人深省的名言警句，主要是關於修身養性和治國安邦的理論。

古人歷來重視道德修養，《周易》在總結這方面經驗的基礎上，予以精闢的闡述，為後人留下了一筆寶貴的思想財富。本書選取的經典名言，主要涉及持正不阿、堅守氣節、勤儉節約、自律改過、謙恭禮讓、奮發圖強、嚴己寬人、言行謹慎、持之以恆、虛懷若谷、尊師重道、居仁行義、自我修養等。這些名言反映了《周易》一書對社會人生的道德關懷。

在強調道德修養的基礎上，《周易》繼而提出了一套治國安邦的理論。選取的這方面的名言主要涉及愛民、恤民、以民為本、損上益下、教化治國、居安思危、以德服人、窮則思變等。

其次是要義。由於《周易》本身獨特的表述方式，所以本書對要義的闡釋比較詳細。主要對爻畫、卦畫、爻象、卦象、卦爻辭本身的含義等進行介紹和說明，對名言中的生僻字詞進行注釋，由名言本身的含義引申推導出它的現代意義。

最後是故事。本書中選取的大多是歷史故事，配以具體、準確的史料，以求更貼切地闡釋名言，通俗易懂。所選故事有的發生在《周易》成書前，有的則在《周易》成書後，不求時間上的限制，只求更貼近名言本身之內涵。透過這些故事，不僅可以更確切地理解名言本身的含義，還可以瞭解歷史的發展。

名言、要義、故事三位一體，是一種很好的解讀經典的方法。本書力圖從學術、知識、通俗實用的不同層面來適應讀者的不同需求。

鑑於編者的才學和時間的限制，本書中遺漏和不足的方面在所難免。敬請專家和讀者不吝批評指正。

潛龍勿用

【名言】

潛龍勿用。

——《乾·初九》

【要義】

這是《乾》卦初九爻的爻辭。潛，潛伏、隱藏。龍，乃中國古代吉祥之物，指春神，又說為雨神者，故先民有祭龍以求雨之俗。龍的原型，有人認為是蟒、蛇、蜥蜴、鱷魚等動物，也有人認為來自自然之象——虹。所引名言意為潛伏之龍不可輕舉妄動。

《易傳》中〈文言〉篇對「潛龍勿用」的解釋為「龍德而隱者也。不易乎世，不成乎名，遁世無悶，不見是而無悶，樂則行之，憂則違之，確乎其不可拔，潛龍也」。整句話的意思是說，人有龍德而隱居，（其志）不為世俗所改變，不急於成就功名，隱退世外而不煩悶。（其言行）不被世人贊同亦無煩悶，（君子）所樂之事去做，所憂之事不去做，堅強而不可動搖，這就是潛龍。

君子在平常日用中堅持涵養自己的德性，以求成就一番事業，不僅要「善其身」，還要「兼善天下」，實現自己的價值追求。而要成就事業，必然要經過一段自我磨練、自我提高的過程，積蓄力量，以待時機。在時機不成熟的情況下，不應有過於急躁的思想和行為。作為君子，更應保持一種獨立而不畏懼的品格，潛心修養自己的德性，並不以此為憂悶，而應自得其樂。這豈不是一種很好的生活態度？

面對艱難的生活處境，人有時會感到一絲絲無奈。而無奈之餘，我們應該仍舊保持一種鬥志，一種不服輸的精神。人自身更應注意到自己的主體性，並使之發揮出來。我們應以一種樂觀向上的生活態度迎接生活中的一切挑戰，展現自我，完善自我。思想家姚舜牧講：「盤根錯節，可以驗我之才。波流風靡，可以驗我之操。艱難險阻，可以驗我之思。震撼折衝，可以驗我之力。含垢忍辱，可以驗我之量。」（《藥言》）他認為事情繁雜、不良的潮流風氣、艱難險阻、激烈的鬥爭和含垢忍辱都會使人受到磨練，助人成長。這樣的人才是有大志的人，才是能成就大事業的人。

一個人要在世間堅定自己的操守，不為世俗所動，實在是需要很大的功夫。而這又是非常必要的。當我們一切的努力換來應有的效果時，我們就可以開心地微笑了。

【故事】

在商朝紂王統治的時期，有一個名叫姜子牙的人。姜子牙上山修煉，深得師傅教誨。他回來之後，便朝見紂王，希望能被任以要職，以施展自己的抱負。紂王得知姜子牙會法術，又懂得治國的道理，於是把他留下了，讓他擔任下大夫一職。紂王的寵妃妲己是狐狸精變的，她聽說姜子牙會法術，怕他識破自己的身分，就想設計除掉他。紂王聽信妲己的話，要修建以瑪瑙作欄杆、棟樑裡鑲嵌著明珠的鹿台。他把這一任務交給了姜子牙去完成。

子牙接了命令，但想到這工程會勞民傷財，於是就請求紂王收回成命。

紂王大怒，命人捉拿子牙。子牙熟識水性，跳水而逃。回家之後，他妻子見他丟了差使，不願跟他受苦，收拾了家中值錢的東西，離他而去。

子牙沒有辦法，只好做起了小生意。可是他不諳此道，看到窮苦的老百姓生活可憐，就把自己賣的食物或別的東西送給人家。這樣做當然就沒有什麼錢可賺，他的生活日漸窘迫。

子牙有一個朋友，叫宋異人，他對子牙說：「你不要太煩心了，依你的才能，一定會有被重用的一天。」子牙也賦詩自勵：「皇天生我在塵寰，虛度風光困世間。鵬翅有時騰萬里，也須飛過萬重山。」

後來，姜子牙離開都城朝歌，來到陝西渭水河邊一個比較偏僻的地方隱居。那裡環境優美，泉水清澈，水中魚兒清晰可見。姜子牙每日頭戴斗笠，悠然垂釣，其中也不乏樂趣。他的釣法奇特，短竿長線，線繫直鉤，而且不用魚餌。

一天，正當他一邊垂竿、一邊嘆息作詩的時候，來了一個名叫武吉的打柴人，兩人就聊了起來。武吉指著子牙沒有魚餌的直魚鉤說：「有志不在年高，無謀空活百年。像您這樣釣魚，別說三年，就是一百年，也釣不到一條魚啊！」

姜子牙說：「你只知其一，不知其二。老夫在這裡，名義上是釣魚，但用意不在釣魚，而是在等待飛黃騰達的時機。曲中取魚，這不是大丈夫的作為！老夫寧願在直中取，而不曲中求。老夫的魚鉤不是為了釣魚，而是在釣王與侯，你豈知老夫的本意！」武吉聽了，不但不相信，反而還譏笑他。

後來，西伯侯姬昌（即後來的周文王）打聽到渭水河邊垂釣的老翁是一個十分賢能的人，就齋食三日，沐浴更衣，抬著聘禮，親自前往拜見，懇請子牙出山。姜子牙聽說姬昌禮賢下士，又善養老人，愉快地接受了。後來，姜子牙輔佐周文王、武王（即文王的兒子）推翻了殷朝，建立了西周，可謂功勳不朽。他在隱世的時候能悠然自樂，在為官的時候，又有很大建樹，實在是因為他能因應不同的時遇來為人處世，從而實現了自己的政治抱負。

君子終日乾乾

【名言】

君子終日乾乾，夕惕若厲，無咎。

——《乾・九三》

【要義】

這是《乾》卦九三爻的爻辭。《乾》卦由六個陽爻組成，是純陽之卦，象徵天。《乾》卦說明了陽剛之氣和剛強的本質、特徵及發展變化規律，揭示了剛強者的進取哲學。

乾乾（音ㄑㄢˊㄑㄢˊ），勤奮不懈。夕，晚上。惕，小心謹慎。厲，危害。咎，災患。所引名言的意思是說，君子整天勤奮不懈，夜間也時時小心謹慎，雖然面臨危險，也沒有什麼災患。

從爻位上看，九三爻處於下卦之上、上卦之下，象徵龍飛在空中，上不觸天，下不著地，很顯然，前途未定，處境較為艱難。對於現實社會人生而言，指人做事情尚未成功，正處於努力拚搏的階段。在這個時候，前進幾步，就意味著成功，後退一步，就可能意味著全盤計畫的落空，功虧一簣。所以在這一時期，應當尤為小心謹慎，仔細做好每一步的工作，努力向著成功的階梯攀登。

作為《周易》六十四卦之首的《乾》卦的品格正體現著《周易》博大而又剛健的精神與氣魄。人作為天地之間具有靈性的存在，面對外界變幻多端的環境，急切地要求做出正確的回應。在宏大的宇宙洪流之中，人只是一朵小小的浪花；在時空合一的大宇宙圖式中，人也只不過是一個點，或一條線。所以，人常感到茫然、憂懼而不知所措。而《周易》古經的創立，也反映了古代先民對於現實社會人生所存有的深遠的憂患之情。

所以，六十四卦卦爻辭中常帶有「吝、厲、悔、咎、凶」的字眼，透顯著先民的憂患意識。而且，現實生活中，人們經常會遇到各種各樣的困難，而且往往是一個接著一個。很難說一個人的生活是永遠一帆風順的，如船行海上，風吹浪打總是免不了的。所以，思想家孟子告訴我們：「故天將降大任於是人也，必先苦其心志，勞其筋骨，餓其體膚，空乏其身，行拂亂其所為，所以動心忍性，增益其所不能。人恆過，然後能改；困於心，衡於慮，而後作；徵於色，發於聲，而後喻。」（《孟子．告子下》）人的確要有憂患意識，關鍵是要看如何回應這幾多艱難的社會人生。

正因為有困難磨礪人的意志，所以人才更應該有大作為。那麼如何去做呢？《乾》卦九三爻提供了一條很好的準則，即在日常生活中要做到謹小慎微，在言語與行動中要嚴謹慎重。我國古代典籍《詩經》中寫道：「白圭之玷，尚可磨也；斯言之玷，不可為也。」（《詩經．大雅．抑》）白圭，指古代用於禮儀的玉器。玷（玷音ㄉㄢˋ），斑點，引申為毛病，以此來說明言語謹慎的重要性。

《荀子．榮辱》篇講：「故與人善言，暖於布帛；傷人之言，深於矛戟。故薄薄之地，不得履之，非地不安也，危足無所履者，凡在言也。」區分了善言與惡言，揭示了善言的重要性。

《呂氏春秋》認為「人主之言不可不慎」（《呂氏春秋．審應覽》）的同時，又指出行動時也應慎重。所以，人們在現實生活中，要時時努力做一番工作。即使在沒有困難的順境中，也應終日懷有憂懼之心，認真地看待每一件事，這才是最重要的。

【故事】

東漢光武帝劉秀是個小心謹慎、自強不息的人。在率領軍隊南征北戰時，常常身先士卒，衝鋒在前。有時，為了一個最佳的戰略佈局，劉秀常常通宵達旦地和謀士們商討揣摩，廢寢忘食，很是勤奮。

起初，劉秀在劉玄的領導下帶兵作戰。劉玄是西漢的遠支貴族，最初參加平林兵，被推舉為更始將軍，後合於綠林軍。劉玄於新朝地皇四年（二三年）稱帝，年號更始。在奪取宛城和昆陽的戰鬥中，劉秀本來和長兄劉縯一同作戰，立下了汗馬功勞。但劉玄害怕劉縯和他爭奪王位，就把他殺死了。劉秀得知消息，不露聲色，他在劉玄面前也不誇口自己的功勞。好疑的劉玄便放鬆了對劉秀的警惕，封他為「破虜大將軍」。

劉秀想離開劉玄，擴充自己的勢力。不久，劉秀徵得了劉玄的同意，來到了河北，在河北採取了有效措施，爭取到當地豪強地主的支持。劉秀在河北擴大了勢力，於更始三年（二五年）在河北鄗（鄗音ㄏㄠˋ，今河北柏鄉北）稱帝，為光武帝，建立起了東漢政權。這年冬天，光武帝攻進了洛陽，在那裡定都。經過長期的戰爭，到建武十六年（四〇年），光武帝完成了國家的統一。

國家統一後，社會還不是很穩定，百姓生活窮苦。光武帝發現有許多國家大事需要自己去處理。他整天忙於國政，常和大臣們商討如何治理天下的事情。光武帝認為，國家剛剛統一，經濟凋敝。於是，他就大力恢復經濟。他常對大臣們說：「百姓的農業生產很重要，不讓他們做好農業生產，弄不好有人會把寡人從皇帝這個位子上請下去。」

光武帝深知壓榨百姓常常會引起百姓的反抗，便一心善待百姓。他看到了戰爭對老百姓的危害，即位好長一段時間，絕口不提戰爭的事。

太子有一次向光武帝請教攻戰的道理。光武帝微笑著說道：「有一次，衛靈公問孔子如何攻戰。孔子就說，祭祖和禮儀方面的事，我經常聽人說起，至於率民作戰的事，我卻一點也不懂。孔子是大聖人，熟讀詩書，他怎麼不知作戰的道理呢？他只是告誡我們要多加關心以仁義道德治理國家，你也應該這樣，不要再去想有關戰爭的事了。」太子聽了很受啟發，潛心跟著父親學習治國的道理。

光武帝常常讓文武大臣指出自己為政的缺點和不足。他對大臣們說：「寡人自己做得好的地方，寡人自己知道，你們就不用再說好話了。關鍵是你們要讓寡人知道做得不對的地方，還沒有做到的工作。疏漏太多，將會對國家不利啊！」大臣們都很佩服光武帝的精神，人人努力工作，為光武帝提出了不少治國的建議。

光武帝提倡節儉，注意整頓吏治，懲處貪官污吏，任命有能力的官員治理地方上的事務。他常說：「寡人任命的官員就代表著寡人，若是他們表現出色，百姓必會安居樂業；若他們為非作歹，百姓也會起來反抗。」

光武帝每天親自處理朝政，十分辛苦，從上早朝開始工作，天黑了才回到寢宮休息。太子很關心父親的身體。他見光武帝整日忙於朝政，就對光武帝說：「父皇勤政為民，可以說是有了夏禹、成湯那樣賢明的品格。兒臣希望您愛惜自己的身體，稍事休息，保養精神。」

光武帝哈哈大笑，說：「寡人願意這樣做，習慣了，也就不覺得累了。況且要保持天下穩定，豈是一件容易的事？只有每天勤於政事，防患於未然，才會取得國家的長治久安。」

光武帝兢兢業業地工作著，在他統治十幾年後，全國出現了較為安定的局面。這段時期，歷史上稱為「光武中興」。

亢龍有悔

【名言】

亢龍有悔。

——《乾·上九》

【要義】

這是《乾》卦上九爻的爻辭。《乾》卦告誡人們要剛健有為，但是同時要注意時機和境遇的變化。亢（亢音ㄎㄤˋ），極度，此處形容龍飛到極高的境地。悔，悔恨，唐朝孔穎達的《周易正義》中作了這樣的解釋：「悔者，其事已過，有所追悔之也。」上九爻居《乾》卦之終，陽進亢極，將致災害，故「有悔」。這句名言的意思是說，巨龍高飛窮極，終將有所悔恨。

事物的發展，盛極必衰。《周易》六十四卦的上爻多蘊含這一哲理。任何一項事物的發展總是要經歷發生、發展、鼎盛、衰落的過程。《周易》揭示這一道理就是要告誡人們，不但在事物的發生、發展的時候要謹慎行事，而且在取得了一定的成績時更要戒驕戒躁，保持清醒的頭腦，避免陷入功敗垂成的境地，給自己造成終生的悔恨。

【故事】

在唐代，李隆基是一位比較特殊的皇帝。他的政治生涯跌宕起伏，頗富傳奇色彩。

李隆基的父親是武則天的第四個兒子李旦。在武則天專權的那個時期，李旦的日子並不好過。在武則天的扶持下，李旦做了幾天傀儡皇帝，但後來武則天把執政大權全部掌握在自己手中。李隆基是李旦的三王子，他非常聰明。雖然自小生在相王府，但是李隆基並沒有沉迷於悠閒自在的王子生活。他一心想從政，奔走於朝廷大臣之間，打通各方面的關係。

神龍元年（七〇五年），唐中宗復位，他的皇后韋皇后專擅朝政。唐隆元年（七一〇年），韋皇后毒死了唐中宗，想學武則天那樣當皇帝。李隆基趁此機會，聯合陳玄禮、葛福順等將軍，發動兵變。李隆基命人殺光韋家所有的人，以滅絕其勢力。

政變後，李隆基等人擁戴小皇帝唐殤（音ㄕㄤ）宗登位。唐殤宗年幼無知，無法應付當時的混亂局面。太平公主深謀遠慮，她召集滿朝文武共商國是，決定由李旦來當皇帝，即唐睿宗。李旦即位後，就決定立太子。他覺得三個兒子中三王子李隆基智勇雙全，而且在兵變中功勞很大，就決定打破常規，立李隆基為太子。其他二位王子一心玩樂，並不在意此事，三兄弟之間倒也相安無事。

兩年之後，李旦厭倦朝中的政事，決心享受太上皇無憂無慮的生活，就把皇位傳給了李隆基。李隆基即唐玄宗，年號為開元。

這時的統治集團內部爭奪權利的爭鬥非常激烈。太平公主受其母親武則天的影響，不斷發展自己的勢力，企圖有一天能掌握國家大權，像武則天那樣威風無比。她勾結大臣竇懷貞，極力提拔親信，準備聯合多方面的力量，擴充自己的勢力。唐玄宗一開始比較尊敬她，對她提出的要求也一一答應。後來，唐玄宗得知了太平公主準備兵變時的消息，十分震驚，他決定搶先下手。他派宦官高力士率領兵士殺進宮中，把太平公主的勢力消滅殆盡，最後太平公主也被逼自盡。

唐玄宗不愧是一個精明強幹的人。他牢固地掌握了朝中大權後，就大力採取各種措施發展經濟、穩定政治、加強軍事力量。唐玄宗下令從有才能的京官中選拔人才到地方上任刺史、都督。同時，提拔地方上政績斐然的官員到朝廷任職。這樣一來，刺激了官員的自覺性和積極性，許多官員兢兢業業地工作著，唐朝的政治格局終於結束了以前混亂的局面。

他又採取了宰相姚崇的建議，下旨減輕稅賦，加強法律約束，禁止再建造佛寺，皇親國戚不得擔任要職、干預朝政等，取得了顯著的效果。按大唐律法，寺廟是不納稅的，許多人就鑽國家稅收的漏洞，把自己的田地掛到寺廟帳上。這樣一來，稅收就減少，而不少老百姓負擔卻很重。

姚崇在玄宗支持下，一氣勒令三萬多名和尚、尼姑還俗，並嚴禁所有官員和出家人來往，既抑制了寺院的勢力，也打擊了依賴寺院做違法之事的地方勢力。

與此同時，唐玄宗還任命宋璟、張九齡出任宰相。在這許多賢臣的輔佐下，唐玄宗把經濟治理得很好。再加上政治清明，軍事強大，到了開元末年，社會上出現了前所未有的繁榮景象，史稱「開元盛世」。

如果李隆基能一心地努力下去，「開元盛世」的時間會更長久一些。可是，或許人終歸是有一些惰性的，李隆基看到了國家的繁榮景象，竟然心生驕傲之情。加上在宮中養尊處優，他慢慢地變得懶散起來，逆耳忠言聽不進了，費腦筋的事做不得了，舒舒服服地過起了皇上的清閒日子。

天寶三年（七四四年），唐玄宗最最寵愛的妃子武惠妃死了。沒有了武惠妃的侍候，玄宗頓感宮中寂寞，就派人四處搜羅美女。當他聽說武惠妃的兒子壽王李瑁（音ㄇㄠˋ）的妃子楊玉環貌美無比，就想方設法把她弄到後宮，封為貴妃。楊貴妃一到宮中，就贏得了唐玄宗的萬般寵幸。她若提出什麼要求，玄宗就立刻滿足她。於是，原本不算節儉的玄宗就更奢侈起來。

為了博得貴妃嫵媚一笑，唐玄宗在每頓飯上就會變出許多花樣，天南海北的山珍海味，應有盡有。為此，玄宗下令皇親國戚源源不斷地供應美味的食品。而嬌貴的楊貴妃往往只是動幾筷子就了事，許多飯菜都浪費了，而當時有些窮苦老百姓還吃不飽呢。

有一年夏天，楊貴妃告訴唐玄宗自己想吃新鮮荔枝。唐玄宗便下令廣東地區立即送新鮮荔枝進京。由於當時的荔枝保鮮技術落後，剛摘下的荔枝過一天就變味了，所以要吃到新鮮荔枝，必須爭分奪秒。而荔枝產地距離長安好幾千里，於是廣東的官員便動用驛站的馬，派人火速趕往京城。為了運送新鮮荔枝，人累壞了多少、馬累死了幾匹都無法計數。

那時，常有這樣的場景：一人騎馬飛馳，塵土飛揚，路上行人必須急急躲避，因為這樣的馬撞傷人是不負責任的。長安城裡的百姓對此已司空見慣。這時人們便會說：「貴妃娘娘又要吃荔枝了。」所以到了皇宮，荔枝還是新鮮的，楊貴妃滿意了，玄宗便高興得不得了。

的確，人就怕有驕傲自滿的情緒，唐玄宗也不例外。唐玄宗在打理了多年的國政後，覺得自己勞苦功高，應該過幾天清閒日子，就把許多事情交給宰相去辦。當時，有好幾位宰相。後來，唐玄宗最大的失誤就是任用了李林甫為宰相。李林甫一心討好唐玄宗，極力巴結當時受寵的武惠妃和宦官高力士，透過多年努力，總算取得了唐玄宗的信任。

當時，張九齡是宰相中最有威望的人。唐玄宗有意提拔李林甫做宰相，就問張九齡的意見。張九齡為人正直，一心為國家著想。他上奏唐玄宗說：「李林甫為人心術不正，才疏學淺，若他身為宰相，勢必給社稷江山帶來災難。」可是，唐玄宗的耳朵已經被武惠妃和高力士的好話給灌滿了，竟然沒有聽進張九齡的忠告。於是，開元二十三年（七三五年），唐玄宗就提拔李林甫為宰相。李林甫一朝大權在握，就極力陷害張九齡，而昏庸的唐玄宗也相信了李林甫。後來張九齡被貶到荊州任長史，不久以後便病死在那裡。

這樣，李林甫排除了異己，可以一手遮天了。他又壓制御史們聽從自己的指派。御史們懾（音ㄓㄜˊ，被人威逼而氣餒）於李林甫的淫威，只得順從他。而唐玄宗事事聽從李林甫的意見，就導致了政治上的腐敗，一些正直的官員被殺，奸官勢力得逞。從此，大唐王朝江河日下，局勢變得混亂起來，而唐玄宗依然沉迷於享樂，對此並未察覺。

本來，在李林甫死後，唐玄宗如果能夠改革吏治，政治上的腐敗或許能有所減輕。可是，唐玄宗又走錯了一步棋，他又任用寵妃楊貴妃的堂兄楊國忠為宰相，替自己管理國家大事。

楊國忠不學無術，是當地有名的浪蕩公子。楊貴妃見堂兄很是潦倒，就向唐玄宗推薦，以求謀個一官半職。唐玄宗見楊國忠能言善道，又懂得玩的學問，很是喜歡。於是，他一步步地提拔楊國忠，由金吾兵曹參軍、京兆尹、御史大夫，一直到宰相，並對其聽之任之。天寶十年（七五一年），關中地區先是遭了水災，後來又逢旱災，百姓幾乎顆粒無收，當地的官員把情況稟告了唐玄宗，唐玄宗就詢問楊國忠受災的情況。楊國忠哪管百姓死活，他懶得去賑災，就讓人拿來幾根長得還可以的禾苗，上奏玄宗說：「陛下，今年是有災荒。但皇恩浩蕩，使得災情不算嚴重，您看，這禾苗長得還不錯呢！」唐玄宗聽了，也就放心了，就把這件事擱置下來了。

此後，楊國忠集各種權力於一身，胡作非為。而唐玄宗竟不聞不問，更助長了他的囂張氣焰。而唐玄宗一心寵幸的親信安祿山也叛變了。

安祿山是漢人與少數民族的混血兒，他生性殘暴，喜好戰爭。他極力討好唐玄宗，深得唐玄宗的信任。唐玄宗懈怠朝政後，奸臣當道，朝廷上下一片腐敗，經濟也衰退了，而軍隊士氣也不高，大唐王朝危機四伏，岌岌可危。正是由於唐玄宗的昏庸腐朽，才招致了這一場大動亂。

天寶十四年（七五五年）十月，安祿山以征討楊國忠的名義，在范陽（今河北涿州）發動叛亂。叛軍一路上勢如破竹，燒殺搶掠，無惡不作，後來侵佔了洛陽，建立了政權。隨後，史思明也起兵反叛。這兩支隊伍每攻打一個地方就濫殺無辜，激起了人們的憤怒。

唐玄宗這才從自己營造的「太平盛世」的夢中驚醒，但為時已晚。後來，在馬嵬（音ㄨㄟˊ）坡（今陝西興平西），他不得不賜死愛妃楊玉環，同時讓位於太子李亨，過起了他太上皇清閒淒涼的日子。

安史之亂歷時八年，雖然後來被鎮壓了下去，但大唐江山的興盛一去不復返，國力虧虛，百姓的生活又處於水深火熱之中。而這一切與唐玄宗決策的失誤是息息相關的，是他營造了「開元盛世」，也是他一手導致了「安史之亂」。這些錯誤和過失給他帶來的又何止是遺憾，這是一生的悔恨啊！暮年的他只有在淒冷的宮中度過自己淒淒慘慘的餘生，這豈不是一件很悲哀的事？

君子自強不息

【名言】

天行健，君子以自強不息。

——《乾・象傳》

【要義】

象，此處指卦象。《周易》是一部專設卦畫以示卦象之書，易象是對自然之象的效法。從廣義角度看，《周易》卦爻辭以及《說卦》所列之象皆為卦象。從狹義角度看，象是指《象傳》。《象傳》是對《周易》卦爻象的解說，其中又可分為《大象》、《小象》。《大象》言一卦之象，《小象》言一爻之象。

所引名言為《象傳》解釋《乾》卦卦象的言辭。《乾》卦上體下體皆為乾，乾為天，所引名言可譯為天道剛健，君子應效法天道自強不息。

「君子」在先秦時期以及後來的封建社會是一種理想人格的代表，許多人想成為君子，但要達到君子的思想境界和行為標準並不是一件容易的事。《彖傳》告訴了我們應當如何才能成就君子的品格，其中一些思想對我們今天仍有很大的啟迪和積極的意義。

自強不息、積極進取是我國的傳統美德，是中華民族精神的優良傳統。

對於個人來講，自強不息、勤奮進取是必要的道德規範，人應堅持這種精神。對於群體，一個國家，一個民族而言，自強不息的精神顯得尤為重要，它往往關係到它們自身的興衰成敗。作為一個群體，應有其凝聚力，群體意識的主流正是自強不息。作為一個國家，君主及其他輔助領導階層的人都應積極有效地制定合宜的治國策略，謹慎地做好各方面的工作，而這也正是自強不息精神的體現。作為一個民族，更應具有健康向上的民族精神。一個民族之所以具有旺盛的生命力，它的動力所在就是整個民族不斷地開拓、不斷地創新、不斷地自強、不斷地進取。自強不息的道理多麼深刻啊！

古代思想家就對自強不息這一道德精神提出了自己精闢的觀點。老子說：「知人者智，自知者明。勝人者有力，自勝者強。知足者富，強行者有志。不失其所者久，死而不亡者壽。」（《老子》第三十三章）他提出自強的人應戰勝自己的弱點、缺點，應有恆久的志向，這樣才能長久地保持鬥志，取得成功。

《淮南子》認為，不自強就不能成就一番事業。它說：「由此觀之，知人無務，不若愚而好學。自人君公卿至於庶人，不自強而功成者天下未之有也。」

中華民族歷經世紀的風風雨雨走到今天，它依然煥發著獨有的魅力，這與我們整個民族的自強不息、勤奮進取是分不開的，每一個炎黃子孫都應傳承這種精神，並發揚光大。

【故事】

春秋時期，東南地區的吳國和越國逐漸發展起來，國力日漸強大。魯昭公十四年（前四九六年），越王允常去世，勾踐繼位，吳王闔閭（音ㄏㄜˊ ㄌㄩˊ）趁越國大辦喪事、人心不穩之機，帶兵進攻越國。越王勾踐帶著喪父的悲痛領兵防禦，雙方在檇（音ㄗㄨㄟˋ）李（今浙江嘉興）展開激戰，在戰鬥中，闔閭被越國大將砍中右腳，回國不久就因傷重而死，臨終時他告誡兒子夫差不要忘了為自己報仇。

魯哀公元年（前四九四年），勾踐得知了夫差的復仇之心後，決定先行攻打吳國，使其措手不及無還手之力。大夫范蠡認為時機未到，極力阻止，但勾踐一意孤行，按原計劃出兵。哪知，吳王夫差為報父仇，也帶兵前去攻打越國。夫椒（今江蘇吳縣）一戰，使得勾踐幾乎全軍覆沒，不得不撤軍。但夫差發誓要消滅越國，就乘勝追擊，把越國都城會稽（今浙江紹興）團團圍住。此時，勾踐已無法脫身，他開始後悔自己的魯莽舉動。危急中，大夫文種建議勾踐用美人計賄賂吳國太宰伯嚭，讓他代為求情講和。

在伯嚭美言下，夫差復仇之心有所動搖。這時勾踐帶著妻子和大夫范蠡來求見夫差，並獻上珍貴的禮物。於是夫差赦免了勾踐，罰他一邊看守先王闔閭的墳墓，一邊放馬，晚上就讓他住在墓旁的石屋裡。

在吳國三年裡，勾踐忍受了許多折磨和凌辱，表面上一直對夫差十分順從和忠誠。夫差認為這樣就挫敗了勾踐的銳氣，於是放鬆了對他的警惕，允許他回到了自己的祖國。

勾踐回到越國，立志報仇雪恥。他一方面繼續在表面上順從吳王，一方面暗中積蓄力量，埋頭苦幹。他規定在七年內不收賦稅，讓百姓努力生產增加積蓄，並對生育的人進行獎勵，以求增加人口。不僅如此，勾踐還親自下田勞作，他的夫人也穿著樸素的衣服，紡麻織布，為百姓做出榜樣。

為了時刻使自己保持清醒，不忘恥辱，也為了激勵自己，夜裡睡覺，他不再用柔軟的被褥，而是躺在柴草裡。在他的柴草舖上方懸掛著一個苦膽，吃飯、睡覺之前，勾踐都要用嘴嘗一嘗，提醒自己不要忘記兵敗為俘的屈辱。在十年的時間裡，他發展生產，使百姓安居樂業，壯大自己的經濟力量；同時又勤於練兵，加強自己的軍事力量。越國上下齊心協力，奮發圖強，逐漸變得強大起來。

魯哀公十一年（前四八四年），夫差率兵攻打齊國，大獲全勝。為了迷惑夫差，勾踐親自到吳國祝賀，夫差高興之下賞給勾踐一塊封地。大臣伍子胥看出了勾踐的本意而力圖阻止，不料卻惹怒了夫差。後來伍子胥又因遭伯嚭誣陷而終被吳王賜死。這樣一來，吳王身邊就沒有得力的忠臣了，這無疑為勾踐復仇提供機會。

哀公十三年（前四八二年），勾踐趁夫差到黃池（今河南封丘）和其他國家會盟之機，領兵攻打吳國。當夫差返回時，又遭到了越軍的痛擊，夫差就派使者求和。由於那時越國的實力不強，勾踐聽從了大夫范蠡的建議，同意和吳國講和，然後回到自己的國家。回國後，他發展生產，壯大國力。其間，吳國的國力還是愈來愈弱。

哀公十七年（前四七八年），勾踐收復失地，率領軍隊向吳國發起猛烈的攻擊。越軍所到之處，勢如破竹，所向披靡，吳軍一潰千里，越軍將夫差包圍在陽山（今江蘇吳縣西）。勾踐為了報仇雪恥，這一次拒絕了吳王的求和要求。夫差無奈之下只得自殺。後來，越國憑藉自己的實力稱霸中原。

儘管春秋時期各國逐鹿中原，存在許多負面影響，但是，越王勾踐艱苦奮鬥、自強不息、奮發圖強的精神和做法，也是值得肯定和欣賞的。

履霜堅冰至

【名言】

履霜堅冰至。

——《坤·初六》

【要義】

這是《坤》卦初六爻的爻辭。《坤》卦內卦外卦都是坤，六爻都是陰爻，是純陰之卦，說明此卦為陰柔順從之卦。坤為地，而地博大厚愛，順從天道覆載萬物，所以六十四卦以《坤》卦為第二卦，以《乾》、《坤》兩卦生成其他六十二卦來說明天地合德而化生萬物的道理。整個卦爻辭以柔順為主題。《坤》卦告訴人們行事要順從，心胸要寬廣。

《坤》卦六爻自下而上象徵著陰氣愈來愈盛，初爻陰氣微弱則為霜，至上爻陰氣強盛則為冰。這句爻辭是說，當秋天踏霜之時，預示著嚴寒冬天的到來。就人事說，陰代表凶險之事，《坤》初爻指凶險之初，至《坤》上爻指凶險之極。這句名言告訴我們，凡事皆有一個由小到大、由微而著、由幽而顯的發展過程，其凶險之事也不例外。當一個事物出現不好的兆頭時，應審時度勢，防微杜漸。否則，後果不堪設想。

堅硬的冰不是一個早上或一個晚上就突然形成的，而是在霜的基礎上由於天氣愈來愈冷，一步一步形成的。在社會人生領域，道理也是一樣。任何惡的東西的出現都有一個構成因子緩慢滋生、成長的過程。一個國家由興盛到衰亡也不是一夜之間就發生的。在此過程中，往往有一些不易為人察覺的因素在產生作用，也就是說有惡的因子累積的過程。所以，《繫辭》中說「善不積，不足以成名；惡不積，不足以滅身」，告訴我們要多做善事，遠離邪惡。三國時的劉備曾對其子說過：「勿以善小而不為，勿以惡小而為之。」這就給我們提供了解決問題的方案。

可以從兩方面來看：一是應提高自身辨察錯誤的能力，及早防範，把惡的幼苗扼殺在其萌芽的狀態中，以防其發展壯大。二是要提高人自身德性的培養。人的德性的培養無論在什麼時候都是應當堅持不懈的。

《乾》卦告訴我們，面對宇宙的洪流和社會人生的變幻無常，我們應保持高度的責任感，保持旺盛的鬥志，剛健而有為。不論外界環境如何，都應努力有較大的作為。《坤》卦又接著給我們啟示，如何去作為。所以，《周易》古經把此兩卦作為六十四卦之開端，用心良苦，意義重大。我們也應學習《乾》、《坤》兩卦的品格，發掘出這兩卦所蘊含的深遠博大的哲理，這會使我們在為人與處世兩方面受益匪淺。

【故事】

東周時的晉國是當時諸侯國力量比較強大的國家。晉獻公勵精圖治，使得晉國政治清明，風調雨順，國泰民安。但後來獻公由於寵信美女驪姬，聽其讒言，放縱其行，使晉國勢力逐漸衰敗，以至於發生嚴重的禍亂。

獻公的夫人名叫齊姜，他們所生的兒子申生被立為太子。後宮寵姬狐姬和小戎分別生有重耳、夷吾。三兄弟感情篤深，親密無間，十分融洽。如果這樣發展下去的話，獻公會創造出更大的政績，國家會更加富強，人民生活會更加安定和美好。然而，一個女子走進了獻公的生活，改變了晉國的命運。

那是在夫人齊姜去世不久，獻公十五年（前六六二年）時，獻公發兵攻打驪戎族（今陝西臨潼一帶）。驪戎不敢交兵，向晉求和，就把名叫驪姬和少姬的兩名女子獻給獻公。獻公很是高興，他特別寵愛驪姬。驪姬生得貌美無比，但為人卻極為狡詐。她極力討好獻公，開始參與朝政，博得獻公的萬般寵愛。

一年後，驪姬為獻公生下一個可愛的兒子，取名奚齊。獻公喜愛驪姬，對驪姬又為他添了一個兒子感到很高興。他置自己曾與夫人齊姜的感情於不顧，打算立驪姬為夫人。但此事遭到朝中大臣強烈的反對。卜偃、史蘇等人透過卜筮勸諫獻公明辨是非，以防後患。忠言逆耳，獻公沒有接納大臣們的意見，而是冒天下之大不韙，把驪姬立為夫人，封少姬為次妃。

驪姬名正言順地成為後宮之主，其氣焰更囂張了，其野心更大了。

獻公寵愛驪姬，又打算把奚齊立為太子。一天，他告訴了驪姬自己的想法。驪姬聽了，心中暗喜。但當時太子申生德才兼備，深受臣民愛戴，就是連獻公也曾對他寄予厚望。她又怕朝內大臣們不服氣，必然會強力阻攔。於是，她假意婉言規勸獻公改變了主意，而暗地裡卻不斷地尋找廢掉太子的理由和機會。她透過賄賂等辦法拉幫結夥，運用陰謀詭計，陷害忠良。

晉獻公兼併了虞（今山西平陸東北）、虢（音ㄍㄨㄛˊ，在今河南）兩國，滿朝文武都歡欣鼓舞，互道祝賀之意。唯獨驪姬悶悶不樂。她本來打算派太子申生攻打虢國，不料獻公卻讓大將里克代為出征，而且一舉成功。她一時竟不知應如何在獻公面前繼續吹噓兒子奚齊了。

驪姬與心腹優施商量，又想出了幾條詭計，把太子申生一步步逼上絕路。

有一次，獻公在翟垣這個地方打獵，幾天後回宮。在迎接獻公的宴席上，驪姬把申生幾天前祭祀母親齊姜後獻給獻公的酒食端了出來，並在其中下了毒。她笑著對獻公說：「我夢見夫人齊姜不堪飢渴之苦，而大王又不在宮內，所以就讓太子祭祀一番。現在酒食在此，請大王享用，已經為您保留好久了。」

獻公拿過酒來就要喝，驪姬又使了個計謀，讓獻公知道了酒肉有毒，並且誣陷是太子申生所下的毒。獻公一時驚呆了，他無法忍受這樣的現實。他氣得渾身顫抖，已沒有氣力去仔細推斷這件事的真假。面對一旁假意哭訴的驪姬，他老半天才冒出一句話：「我要把這件事情告訴各位大臣，殺了這個不孝之子。」

獻公把這一事情向諸位大臣說了。大臣們知道獻公決心已定，都面面相覷，不敢言語。獻公於是派人率兵去討伐太子申生。申生得知消息，知道又是驪姬陷害，他有理說不清，又怕獻公得知真相傷心，也就不肯為自己洗脫罪名。太傅杜原款勸其逃往他國，申生不願背負惡名，決心以死來消解父親的怨氣，他向北方拜了兩拜，拔劍自殺了。

第二天，獻公派去的人率兵趕到，見申生已死，就把杜原款裝進囚車，拉了回來。獻公讓杜原款作證，說太子有罪。杜原款大聲疾呼：「天哪，冤枉啊！我之所以不追隨太子而去，就是要留下來證明太子之心！酒食留在宮裡六天了，難道還有毒藥這麼長時間不失去藥性的嗎？」此時，驪姬從屏風後大聲喊：「原款教導太子無方，為何還不殺了他？」驪姬的話無疑是火上澆油，昏庸的獻公不辨青紅皂白，下令把杜原款當場處死。大臣們見了這等慘狀，暗自流淚，好不悲傷。

太子申生的慘死，仍不能滿足驪姬的野心。她在獻公面前大加讒言，攻擊公子重耳、夷吾。終於，公子重耳、夷吾流落到國外，使原來十分要好的三兄弟死的死，逃的逃，為立奚齊為太子掃清了障礙。

一時間，晉國國內烏煙瘴氣，昏天暗日，陷入混亂之中。待獻公死後，奚齊即位，幾經周折，強大富足的晉國從此一蹶不振。後來，公子重耳得以返回晉國，重掌大權，才結束這一混亂至極的局面。晉國由強盛轉入衰微這一史實，說明了《周易》「履霜堅冰至」的道理。

君子厚德載物

【名言】

地勢坤，君子以厚德載物。

——《坤·象傳》

【要義】

這是《象傳》對《坤》卦卦象所作的解釋。《坤》卦上體下體都是坤，坤為地，而地有高下起伏之勢。這句話的含義是：地勢柔順，君子效法此，應當以寬厚之德容載萬物。

西周建立初期，當政者透過對殘酷戰爭的反思，開始以德治國，使人文精神首次得以彰顯。重視德性，重視自身內在德性的修養，成為一種人文趨勢。偉大而光明的德性的展現來自於日常的修為。這就要求君子在日常生活中不斷地涵養，提升自身寬厚、善良的德性之心。不僅如此，君子還應以自己寬廣博大的心胸看待人乃至於宇宙萬物，在為人處世中使德性之心得以顯現。

為人應有一顆寬厚仁慈之心。人應以心愛人，寬以待人。由此而言，治理國家更需要君主的一顆寬厚的心靈，要做到以德服人，以德治國。《論語·為政》中講：「為政以德，譬如北辰，居其所而眾星共之。」是啊，若一個國家的統治者自身擁有美善的德性，這種德性的光輝必將透過他的一言一行照耀於民心之中。那麼，民眾還會不擁戴如此賢德的君主嗎？

孟子說：「以力服人者，非心服也，力不贍也；以德服人者，中心悅而誠服也。」（《孟子·公孫丑上》）他充分肯定了以德服人的重要性和意義。以德服人，就是要透過自己重要的德性之心和合理的符合道德規範的行為來爭取民眾的支持。這是一種由內及外的方式，所以由此而帶來的也必然是民眾的安居樂業和國家的長治久安。

【故事】

管仲和鮑叔牙是春秋時期齊國人。他們都在齊國做了官，管仲還擔任了齊國的相國，輔佐齊桓公成就了一代霸業。

管仲和鮑叔牙年輕時就是一對知心的好朋友。管仲自幼聰穎好學，酷愛射箭。在他很小的時候，父親就去世了，他和母親相依為命，日子過得很是窮苦。他和鮑叔牙做生意的時候，自己出的本錢少，卻常常將賺來的錢多留給自己一些。鮑叔牙家的人對管仲很有意見，鮑叔牙就幫著管仲說話，說管仲家裡窮，需要錢用。有時，管仲有心為鮑叔牙辦點好事，卻經常事與願違，使事情變得更遭。有人就說管仲太笨了，鮑叔牙就告訴人家，管仲其實並不笨，只是沒有遇到好機會。管仲也曾經當過兵，打仗的時候，他多次臨陣脫逃。人們都說管仲是個膽小鬼，鮑叔牙又幫著他說話，說管仲家裡有八十歲的老母親，體弱多病，需要他奉養，其實管仲本來是一個非常勇敢的人。管仲知道了以後，感慨地說：「生我的是父母，真正瞭解我的卻是鮑叔牙啊！」

後來，有人把管仲和鮑叔牙推薦給齊國的國君齊僖公，齊僖公決定叫他們倆做齊國公子的師傅。於是，鮑叔牙做了公子小白的師傅，管仲則做了公子糾的師傅。在他們的教導下，兩位公子進步很大。齊僖公的長子公子諸兒卻整日不思進取，和兩個弟弟差距很大。魯桓公十四年（前六九八年），齊僖公去世，公子諸兒即位，是為齊襄公。齊襄公生活極為荒誕，喜怒無常，導致齊國國力急遽下降，民不聊生。許多大臣為避災禍，紛紛外逃，鮑叔牙和公子小白也逃到了莒國。魯莊公八年（前六八六年），邊將連稱、管至父和公孫無知殺了齊襄公，公孫無知自立為君。政變發生後，管仲和公子糾逃到魯國避難。不久，公孫無知也被人殺害，齊國陷入一片混亂之中。

齊國的大族高氏、國氏很快就把這一消息告訴了在莒國的公子小白，鮑叔牙和公子小白立即向齊國出發，準備繼承君位。與此同時，公子糾也知道了這一消息，也急忙打點行裝回國。為了穩妥起見，管仲自告奮勇埋伏在莒國通往齊國的大道上，準備襲擊公子小白一行。等了沒多久，公子小白一行果然來了。管仲一箭射過去，公子小白應聲倒在車中。管仲見公子小白口吐鮮血，以為他已死去，就策馬追趕公子糾一行人去了。公子糾知道後，放下心來，放慢了速度，不疾不徐地向齊國走去。

誰知管仲那一箭正好射在公子小白的衣鉤上，公子小白怕管仲再射來一箭，就咬破舌尖假裝死去，騙過了管仲。待管仲離開，鮑叔牙和公子小白便策馬狂奔，晝夜兼程，結果先於公子糾六天回到齊國。公子小白即位，他就是歷史上有名的齊桓公。等到管仲

和公子糾趕到的時候，齊桓公已經登位。

魯莊公聞訊，認為這是越禮之舉，因為公子糾是公子小白的哥哥，理應由公子糾繼任才是。於是，魯莊公馬上發兵進攻齊國，企圖用武力打垮齊桓公，讓公子糾做齊國的國君。兩軍交戰，結果魯國大敗。公子糾和管仲只好又返回到魯國去。

齊桓公具有雄才大略，他決定重振齊國的雄風。他對師傅鮑叔牙非常感激，就準備拜他做齊國的相國。他把這個想法告訴了鮑叔牙。鮑叔牙聽了，搖了搖頭，說：「相國一職，事關國家的安危。我自知能力有限，不能勝任。不過，我可以向主公推薦一個人。」

「還有比你更好的人嗎？他是誰？」

鮑叔牙思慮片刻，答道：「就是管仲。」

「什麼？」齊桓公聽了，很是生氣。「他當初差點一箭射死我，這一箭之仇，我還沒有報呢，你現在卻叫我去重用他！」

鮑叔牙懇切地說：「管仲是我的好朋友，我十分瞭解他，他也很瞭解我。想當初您的父親讓我做您的師傅，我不樂意，是管仲勸我接受任命，他認為您可能是三位公子中最有作為的一位。當初他用箭射您，是為了公子糾。您是一個心胸寬廣的人，如果您肯原諒他，他肯定會為您效力的。如果您只是想保有天下，平穩度過一生，那麼我也可以輔佐您。可是，您有遠大的志向，想創建稱霸中原的宏偉大業，如果沒有管仲的輔佐是萬萬不行的。請主公三思。」

見齊桓公不說話，鮑叔牙又說道：「主公深明大義，待人寬厚，我相信您對管仲也會這樣的。」齊桓公在鮑叔牙的勸說下，決定以寬廣的胸襟接納、重用管仲。

鮑叔牙想好了計策，派使者到魯國，給了魯莊公一封以齊桓公名義寫的信。魯莊公一看信，原來是要他殺死公子糾，交出管仲，兩國便和好。否則，齊國的大軍將馬上進攻魯國。迫於壓力，魯莊公殺死了公子糾，囚禁了管仲。魯莊公找來謀士施伯商量對策，施伯認為，管仲是個難得的人才，他為政的國家必將富強，因此絕不能讓管仲活著回去，可以先殺死他，把屍體交給齊國。可是，齊國的使者堅持說齊桓公對管仲恨之入骨，一定要親手殺了他才解恨。在齊國使者的一再要求下，魯莊公把管仲交給了使者。

在回齊國的路上，管仲知道肯定是鮑叔牙救了自己。他害怕魯莊公反悔，一路上就教押送他的人唱歌，眾人唱著歌，精神抖擻，大大加快了歸齊的速度。待魯莊公醒悟過來，派兵追趕時，管仲早已進入齊國境內了。

鮑叔牙親自到邊境上迎接管仲。他親手替管仲鬆了綁，把他扶上自己的車子，兩人一同坐車回到都城臨淄。得知管仲回來了，齊桓公很高興，特意選了個好日子，十分隆重地接見了管仲。齊桓公寬容地對待管仲對後世產生了很好的影響。而管仲也不負重望，盡心盡力地輔佐主君，對齊國的改革和發展產生了極為重要的作用，而且幫助齊桓公成就了霸業。

無平不陂，無往不復

【名言】

無平不陂，無往不復，艱貞，無咎。

——《泰·九三》

【要義】

這是《泰》卦九三爻的爻辭。泰，意為通。《泰》卦上體為坤，下體為乾，乾為天，坤為地，天在下，地在上。乾為陽，陽氣下降，坤為陰，陰氣上升，陰陽交感、交通，說明萬物生生不已，故《泰》卦有通達、太平的意思。從爻象上看，下卦三個陽爻居下，有上升的趨勢；上卦三個陰爻有消退的趨勢。由於陽爻代表君子之道，陰爻代表小人之道，所以象徵著正義將要戰勝邪惡，預示著天下太平、祥和。正如《泰》卦的《象傳》云：「上下交而其志同也；內陽而外陰；內健而外順；內君子而外小人。君子道長，小人道消也。」說的也是這個道理。所以說，《泰》卦是一個亨通順利之卦。

九三爻上臨三個陰爻，預示變化之義，故所引爻辭意為沒有只平不陂（音ㄆㄛ，不平的樣子）、沒有只往而不返的。在艱難中守正則可以無咎，講的就是變化之道。

《周易》尚「變」，這是它的一大特色。在《周易》看來，宏大的宇宙和現實社會人生都是處於不斷地運動變化中，天地間的一切具體事物都是一種當下性的存在，都蘊含著未來發展變化的可能性。人的生命是短暫的，而處於幾十年的時間洪流中的每時每刻的累積看起來又是長遠的。因為，在不斷更新的階段裡，人都會做出不同的行為，進行多種多樣的活動。

人的一生，無論在哪一階段，都會存在著變化，好的變成壞的，善的變成惡的，失敗的變成成功的，挫折變成順利，這都是存在著的。所以人生就像是一條曲線，有彎路，也有陽光大道，有歡笑，也有淚水，酸、甜、苦、辣、鹹五味俱全。也正因為如此，人生又是多彩的。重要的是，我們每一個人應如何去面對挫折，面對坎坷，面對一連串的坑坑窪窪，然後勇敢地走過去，迎接那一片豔陽天。

人生不就是這樣嗎？不就是拋棄無知，戰勝挫折，披荊斬棘，迎接七彩的陽光嗎？只有這樣的人生，才是有意義、有價值的人生。

所以，我們應當記住，《泰》卦九三爻告誡人們在順境中要有憂患意識，意識到艱難到來的可能性；同時，若處於危難的時刻，則更應該堅持自己的操守，堅守正道，更加謹慎小心地為人處事，努力進取，以求改變這樣的境遇，提高人生的品質，這樣也就沒有災禍了，從而能享受安康。而人之貴莫過於能始終保持自己的操守，堅守正道。

人生在世，往往會面臨多種不同的境遇，不管是處於順境之中還是逆境之中，都應保持一顆平常心，堅定自己的操守，在日常的為人處事中成就自己偉大的人格。

【故事】

司馬遷生於漢景帝中元五年（一四五年），是龍門（今陝西韓城）人。他家世世代代擔任史官，因而司馬氏一家把「太史」當作是祖傳基業。西漢時期，漢武帝重新設立史官一職，司馬遷的父親司馬談受命擔任太史令。

司馬談學識淵博，工作之餘，他更看重兒子司馬遷的學業。於是，他就親自教兒子識文斷句，經常講歷史故事給兒子聽。或許是遺傳因素的影響，也或許是天長日久不斷學習的結果，司馬遷像他的祖輩一樣，對史學產生了濃厚的興趣。他刻苦學習，博覽群書。父親任太史之後，他跟隨父親來到長安，拜見當時的經學大師孔安國和董仲舒，師從孔安國學習《尚書》，跟隨董仲舒苦讀《春秋》，受到了很好的教育。

司馬遷漸漸長大了，他求知若渴，書本上的知識滿足不了他的求知欲。他常常問司馬談：「父親，史書中記載的都是真實的事情嗎？這些史書以外的人物，我們又怎麼知道他們的事蹟呢？」

司馬談告訴他，任何史書都有一定的侷限性，涉及的人物、史實都很有限。要想仔細地瞭解過去的歷史，必須再經過實地調查，獲取民間的直接資料。司馬遷把父親的話一一記在心底。司馬遷二十歲那年，父親便要求他暢遊全國，搜集歷史人物的軼文、軼事等多方面資料。第二年，司馬遷便滿腔熱忱地從長安出發，遊歷各地。

在廬山，司馬遷搜集到不少大禹治水的傳說資料。後來，他又來到山東曲阜，觀看了孔廟、孔子的墳墓。在這裡，他為一代教育家孔子的精神和事蹟所震撼，決定好好寫寫孔子。後來，他在《史記．孔子世家》中也表達了對孔子的仰慕之情。他說：「《詩》有之：『高山仰止，景行行止。』雖不能至，然心嚮往之，余讀孔氏書，想見其為人。」

這次實地考察，歷經陝西、河南、河北、山東、浙江、江蘇、安徽、湖北、湖南、江西等地。自己親身調查得來的資料真實而又詳細，彌補和填充了以往史書的不足和缺陷。這為他後來寫《史記》做了充足的資料準備。

司馬遷回到長安，被任命為郎中。漢武帝元封元年（前一一〇年），父親司馬談病重。臨終時，司馬談把自己所有的希望都寄託在司馬遷身上。他握著兒子的手說：「我這一生總想寫一部完整的歷史書籍，現在看來已經來不及了，希望你能完成它。我死後，你一定要擔任太史令。當了太史令，可別忘了我的願望啊！」

司馬遷心情悲痛地答應了父親的臨終囑託。他整理了以往的史書和自己搜集到的資料，決定編寫《史記》。元封三年（前一〇八年），司馬遷正式擔任太史令。司馬遷花了相當大的心血來從事《史記》的寫作工作。然而，一場飛來的橫禍打斷了他的寫作。

天漢二年（前九九年），發生了一件大事。這一年，西漢的將軍李陵奉漢武帝的命令，率領五千兵士，去攻打匈奴。不料，匈奴派出八萬兵馬予以猛烈回擊。李陵和戰士們血戰八天八夜，突圍沒有成功。匈奴勸其投降，李陵無奈，只得答應了。消息傳來，漢武帝勃然大怒。他無法忍受李陵的叛變，下令把李陵全家抄斬。

司馬遷和李陵是多年的好友。他不相信李陵會叛變，就上奏武帝說：「反叛之事證據不足，臣可為李陵擔保他絕不會變節投降匈奴。請陛下收回成命。」

武帝一聽，無疑是火上澆油。他大聲斥責道：「事實已是如此，你為何為李陵開脫，想是也有反叛之心！」說完，不由分說，就把司馬遷下了大牢。盛怒中的漢武帝沒有接受朝中大臣的求情，下令對司馬遷處以宮刑。宮刑是一種對人身心傷害很大的刑罰，司馬遷認為這是自己一生中的奇恥大辱。

在監獄中，他心情很低落，常常痛哭自己的不幸。可是，在他最傷心的時候，他不禁想起了疼愛他的父親，想起了父親的臨終囑託。是啊，以往史書七零八亂，對過去的歷史沒有好好完整地記載、論述。為了造福後人，我應把《史記》寫完，也算是我這個廢人的一點貢獻吧！就這樣，司馬遷在獄中繼續思考寫作的線索。太始元年（前九六年），司馬遷獲釋出獄，就全心地投入到《史記》的編寫過程中。

遭受此劫的司馬遷沒有失去生活的信心，相反，他失去了以往對官場應酬的興趣。他心中只有一個目標，就是要給後人留下一部真正有價值、有意義的史書。他常激勵自己說：「以前文王被囚於羑里而演《周易》，孔子困於陳、蔡之間而作《春秋》；屈原被放逐，寫成千古絕唱《離騷》；左丘雙目失明而著《國語》；呂不韋被謫於蜀地寫下《呂氏春秋》；韓非囚於秦而作《說難》、《孤憤》；《詩經》三百篇，大概是聖賢發憤而作的吧。我也應該如此，就讓我思索往事，來警示後人吧！」

《史記》是我國歷史上第一部用紀傳體寫成的通史。它記述了從傳說中的黃帝到漢武帝太始二年（前九五年）之間這段時期的歷史。全書由十二篇本紀、十篇表、八篇書、三十篇世家和七十篇列傳組成。書中涉及了帝王、將相、文人的事蹟，以及天文、地理、風俗、人情等各個方面的知識。它耗費了司馬遷一生的心血，是一部光耀千秋的鉅著，世人對它評價很高。而司馬遷發憤寫《史記》的精神和事蹟也感動了後人，《史記》得以廣為流傳。

君子儉德辟難

【名言】

君子以儉德辟難，不可榮以祿。

——《否·象傳》

【要義】

這是《象傳》對《否》卦卦象所作的解釋。《否》卦下體為坤，上體為乾。乾為天在上，坤為地在下，天地陰陽不交，這是《否》卦之象。

這句話是說，君子應效法此卦之象，以節儉之德避難，此時不可得榮譽和祿位。這是說，君子在亂世中應當超然於榮譽和祿位之外，崇尚節儉之德，以求逃避災難。人們對生活總是有許多欲望的，節儉就是要求人們適當克制自己的欲望，生活上節約財富的用度。

《荀子．天論》中講到：「強本而節用，則天不能貧；養備而動時，則天不能病。」司馬光也認為：「儉，德之共也。侈，惡之大也。共，同也，言有德者，皆由儉來也。」（《司馬文正公傳家集》卷六十七〈訓儉示康〉）無論是修身、齊家，還是治國、平天下，節儉都是君子必須具備的品質。

【故事】

春秋晚期，公父文伯是魯國的公族大夫，他忠於職守，勵精圖治。在他很小的時候，父親公叔敖就去世了，他的母親叫敬姜，含辛茹苦地把他撫養成人。敬姜從小就節儉、勤勞，嫁為人婦之後，把家整理得井井有條。周圍幾百里的人都知道敬姜儉約明禮，因而對她非常尊敬。鄰居平時對她也是恭敬有加，非常照顧。敬姜非常感激鄰居們的關心，但她深知要想讓文伯出人頭地，有一番大作為，自己必須勤苦勞作，凡事還是要靠自己。於是，她每天堅持紡麻，常常日夜不息。她看到兒子日益進步，也就不覺得勞累了。

後來，文伯成為大夫，魯國國君賞給他許多財物。文伯是個孝子，他把大部分物品都給了母親。敬姜收下了，並叮囑兒子要勤於政事，不能有絲毫懈怠。在母親的影響下，文伯一心放在事務上，把政務治理得很出色，深得魯國國君讚賞。

一天，文伯退朝後，來拜見母親。進了門，卻發現母親還在紡麻。文伯頓覺心中不忍，恭敬地對敬姜說：「母親，以咱們這個家來說，也算是顯赫之家，吃穿不愁。而您仍然還和以前一樣紡麻，我害怕國君會因此而生氣的，認為我不能侍奉您老人家啊。」

敬姜嘆了一口氣說：「魯國就要滅亡了！難道你為官就沒有聽說勤勞之道嗎？坐下來，我告訴你吧。以前聖王治理百姓，總是選擇貧瘠的土地作為住處，使百姓辛苦勞作並使用自己創造的財富，所以能長久地統治天下。而百姓透過勞動就能學會思考生活，善良的心靈就會產生；安逸了就會沉溺於生活享受，而一旦沉溺於享受，就會把善忘掉。忘掉了善，罪惡的心靈就產生了。我現在守寡，你又為官侍奉國君，咱們朝夕辛勞還是怕忘了先人的遺訓。假若有所懈怠的話，憑什麼來免罪呢？我實在是怕你父親的事業後繼無人啊！」

文伯聽了，更加敬重母親。他牢記母親的話，不斷激勵自己，更加勤勞節儉，工作非常出色，深得其他官員的敬重。

君子遏惡揚善

【名言】

君子以遏惡揚善，順天休命。

——《大有‧象傳》

【要義】

這是《象傳》對《大有》卦卦象的解釋。《大有》卦上體為離，下體為乾，離為火，為日，乾為天，日火在天上無所不照，故為大有。休，美。整句話的意思是說，君子效法《大有》卦的卦象應當遏（音ㄜˋ）絕惡行而褒揚善事，以順應天道求得美好的命運。

遏惡揚善實際上指的就是從正反兩方面著手來開展工作。就我們今天來說，遏惡就是要嚴厲懲治違法犯罪及不道德的行為。揚善就是要表揚先進，樹立典型，宣傳榜樣的事蹟，弘揚社會美德。順天休命就是說人的生命很短暫，作為大千世界中的一個渺小存在，人應該熱情豁達、積極樂觀地看待現實社會人生，按照自然規律去拚搏進取，奮發圖強。這樣的人生，才是無悔的人生，才是輝煌的人生。順天休命會使人在自己的精神家園裡逍遙自在，保持精神和心靈的寧靜和安詳，以一顆平常心，以熱情豁達的態度來面對人生的一切挑戰。

【故事】

包拯，字希仁，北宋廬州合肥（今安徽合肥）人，天聖進士，歷任監察御史、天章閣待制、開封知府、龍圖閣直學士、樞密副使。他為官清正，執法嚴峻。

他屢次論斥受皇帝寵愛而掌要權的大臣，並請求皇上罷免因其個人喜好而升遷的官員，並且告訴皇上不能因私恩而隨意升遷官員。他把唐朝魏徵三次向太宗進言的疏放在案頭，作為借鑑。他上奏皇上應當明辨臣下的進言，認清結黨營私、愛惜人才等七件大事。

包拯又上奏皇上罷免為人刻薄的官員，限制靠僥倖心理做官的人，嚴正刑罰，彰明禁令，並禁止不良風氣的發生。皇上聽從了他的意見，大多都實行了。

包拯為官剛毅，顯貴的皇親國戚及宦官在其面前多數不敢妄為，聽說了他的事蹟的人都懼怕他。人們都說要使黃河水變清了很難，但要使包拯笑一笑，難上加難。婦女兒童當時都知道他的名字，親切地稱呼他為「包待制」。

開封是北宋的京城。京官難當啊！因為這裡皇親國戚特別多，若他們仗勢欺人，橫行作惡的話，一般官員都不敢依法辦事。包公任開封府尹之初，就改革以往的訴訟受理制度。以往規定，打官司的不能直接進入大廳投遞狀紙，要交由「牌司」轉交。而往往「牌司」就從中敲詐勒索百姓。包公到任後，下令撤掉「牌司」的職位，敞開大門，使老百姓得以直接來到他面前陳說曲直，控訴冤情，衙吏都不敢隨便阻攔、欺辱他們。老百姓知道後，高興地說：「關節不到，有閻羅包老！」

包公向宋仁宗建議，認為以前皇親國戚犯法，皇帝出面講情的做法是不對的，應改變這一狀況。雖然宋仁宗不是很情願，但是由於京城一直很亂，心想不如就放手讓包公去管理吧。於是，他就同意了包公的請求。這樣一來，老百姓有了冤情就不用再顧忌什麼了，就可以放心大膽地到開封府去鳴冤告狀。

惠民河是一條流經開封的河流。本來這條河河道很寬闊，交通順暢。但由於京城有權勢的大官任意侵佔河道，借助河岸建築房屋花園，結果使河道變得不通暢了。這年正巧京師發生洪災，河道堵塞，洪水氾濫，給老百姓帶來很大的危害。百姓們紛紛來到開封府告狀，請包公為他們做主。

包公本來就對「權貴侵佔河道」的事情很不滿，於是就下令將惠民河上的這些建築都拆掉，動員召集百姓趕緊疏通河道。這下皇親國戚們可不樂意了，他們來到開封府找包公鬧事。有人拿著地契說那些建築都是合法的建築，不能拆掉。包公把他們的地契一併收上來，仔細查驗，發現這些地契都是假的。他立即把此事上奏給宋仁宗，要求對偽造地契者施行嚴懲。宋仁宗批准了他的奏章。於是，包公將其中一些人繩之以法。從此，再也沒有人敢私自在惠民河上建築花園了，惠民河又恢復了以往的通暢，老百姓無不拍手稱快。

張堯佐是宋仁宗的貴妃的伯父。他無德無能而宋仁宗卻授予其重要官職。張堯佐則憑著自己是皇親國戚，目無國法，違法作惡。包公多次上書彈劾張堯佐，並批評仁宗不該包庇他。最初宋仁宗聽不進去，一年過去了，經過包公的多番努力，宋仁宗終於承認了自己的失誤，罷免了張堯佐的官職。

包拯性格嚴厲，對屬下要求很嚴格。但他生性敦厚，雖然嫉惡如仇，但也推行忠恕之道。他對待百姓態度很好，善良的老百姓都很喜歡他，稱他為「包青天」。包拯不隨便與人交朋友，不為了取悅別人而偽裝自己的真性情來說好話、扮白臉。他平時沒有私人書信來往，以前的老朋友、親人都斷絕了關係。這讓他在審理案件的時候避免了許多麻煩。

他官位雖然高貴，但穿的衣服、用的物品、吃的飯菜都和普通老百姓差不多。他曾經對家裡人說：「後世的子孫若有為官的，應當謹守清白的家風。一旦收受賄賂，生不能放歸本家，死後不能葬在祖墳裡。不追隨我的志向，就不是我的子孫。」

君子有終

【名言】

勞謙，君子有終，吉。

——《謙·九三》

【要義】

這是《謙》卦的九三爻的爻辭。《謙》卦上體為坤，下體為艮，是山處地下之象。在自然界中，山本來應高於地面的，所以《謙》卦此象具有謙虛之義。《謙》卦的爻辭透過「謙謙」、「鳴謙」、「勞謙」等詞告訴人們謙虛的道理。整個《謙》卦本身就是要讓人們在日常生活中時刻不忘謙虛這一美德，並注意踐行之，成就光明高大的人格氣象。所以釋《謙》卦的《象傳》云：「天道虧盈而益謙，地道變盈而流謙，鬼神害盈而福謙，人道惡盈而好謙。」意思是說，天道虧損盈滿而增益欠缺，地道變換盈滿而流注補益欠缺，鬼神禍害盈滿而致富於謙虛，人道厭惡盈滿而喜歡謙虛。其《象傳》又云：「謙尊而光，卑而不可逾，『君子』之『終』也。」

這句爻辭意為有功而謙，君子有好的結局，吉。《繫辭》對此作了這樣的解釋：「勞而不伐，有功而不德，厚之至也。語以其功下人者也。德言盛，禮言恭。謙也者，致恭以存其位者也。」意思是說，有功勞而不誇耀，有功績而不貪得，太厚道了。所說的是有功勞而能禮下於人。德講究要盛大，禮講究要恭敬。所謂謙，就是以恭敬而保存其祿位啊！它告訴我們，作為君子應虛懷若谷，對人寬容忍讓，這樣才能遇事逢凶化吉，使人生多一些亨通大道，少一些坎坎坷坷。

「滿招損，謙受益」，這是我國的古訓，謙虛歷來是中華民族的傳統美德。對於人的德性修養而言，謙虛是重要的，它是人在平時處事的道德要求。《謙》卦的卦辭為「亨，君子有終」，意為君子若在為人處事中時刻保持著謙虛的美德，必能亨通，君子踐行必然有好的結果。

古代思想家也透過諸多論述來闡發謙虛這一美德的重要性。《老子》第二十二章中講「不自見，故明；不自是，故彰；不自伐，故有功；不自矜，故長」，意味深長。

思想家唐甄在《潛書．虛受》中講：「學問之道，貴能下人；能下人，孰不樂告之以善！

池沼下，故一隅之水歸之；江漢下，故一方之水歸之；海下，故天下之水歸之。自始學以至成聖，皆不外此。」他以深刻而又貼切的比喻，以一種宏大的氣勢向我們描述了謙虛這一美德的偉大之處和它的意義所在，使我們受益匪淺。

正如朱熹所說：「大抵人多見得在己則高，在人則卑。謙則抑己之高而卑以下人，便是平也。」（《朱子語類》卷七十）人若以一顆謙虛之心而甘居人下，實在是一種至上的境界。它能使人有更高的追求，凸顯其理想之高遠，從而創造出更大的成就。

【故事】

馮道根，字巨基，廣平酇（酇音ㄗㄢ，今湖北光化西北）人，是南朝時梁國的大將，官至信武將軍、汝陰太守。他生性恭謹敦厚，質樸而不善於言辭。他作為將領，享有很高的聲譽，受到很多人的尊重，能檢閱統御地方將領的私人軍隊。他的軍隊行軍沿途經過村落時，將士們沒有掠奪百姓財物的。馮道根每次征伐都身先士卒；獲得勝利的時候，他卻始終不宣稱自己的功勞是多麼多麼地大。其他各位將領為爭功一事吵得天翻地覆，不可開交，馮道根只是默默無語，如此而已。繼而，他又忙著去做其他事情了。

最初，別的將領邀功回來，得到的賞賜很多，就把其中一些分給手下的士兵。馮道根的部下看在眼裡，心中當然不是滋味。於是，有的士兵就私下埋怨馮道根。一次，一場激烈的戰鬥剛剛結束，馮道根下令休息、整頓軍隊。一天，有三個兵士在操練完畢休息的時候，閒聊了起來。一人說道：「咱馮將軍的功勞可以說是不小了啊！每次打仗，馮將軍衝在前，咱跟在後，總是能把敵軍打個落花流水。可回來後，馮將軍卻不邀功行賞，國君就把賞賜給了別的將軍，我們的日子可就不好過了。」

「對啊！」一人接著說：「話是這麼說，可是馮將軍日子過得跟我們也差不多。我多少念了點書，馮將軍的做法恐怕就是聖賢所講的謙讓之道吧！」

一時間，又有一些人加入了討論，兵士們有的埋怨，有的讚賞，有的不置可否。此時，早有人將此事稟報馮道根，馮道根放下手中正在閱讀的兵書，微微一笑，對下屬說：「馬上集合軍隊，我有事情要說。」

很快，軍隊就集合起來了。兵士們不知又有何事，正在納悶呢。馮道根披掛整齊，語重心長地對將士們說：「英明的君主自然會知道咱們這次仗打勝了，功勞應該是多少，你們認為我還有必要去急著爭功嗎？」兵士們聽了，暗暗吃驚，也就不敢再隨意說了。

馮道根的話引起了兵士們對他的敬重。果不其然，幾日之後，國君的賞賜就到了。馮道根把絕大部分都分給了部下，自己只留下很少一點。兵士們興高采烈，歡呼雀躍，更加敬重馮道根了。自此之後，馮道根帶領的軍隊在戰鬥中鬥志更高，他們在馮道根的指揮下，奮勇殺敵，取得的勝利就愈來愈多。但馮道根仍一如往昔，始終不曾去爭奪功勞。

梁高祖蕭衍很是賢明，他深知馮道根的為人。所以，每次戰鬥取得勝利以後，他便派人仔細瞭解情況，公平地論功行賞。而在平時，他也經常讚賞馮道根。有一次上朝時，文武百官都上奏了各方面的情況和治國、治軍的建議。待清閒下來的時候，梁高祖便指著馮道根對尚書令沈約說道：「沈愛卿，你面前的這個人從來就不談論功勳。」

沈約心下領會，立即拱手說道：「陛下聖明，這是陛下的『大樹將軍』啊。」

大樹將軍原指漢朝的馮異。據《後漢書．馮異傳》記載，漢軍每次取得勝利，選擇地方休整時，諸位將領並坐一地爭論功勳，唯有馮異獨自坐在大樹下默不作聲，於是軍中稱其為「大樹將軍」。而此時，沈約把馮道根比作馮異，可見馮道根當時之風範。這句話說得梁高祖眉開眼笑，不禁稱讚了沈約幾句，心中更加欣賞馮道根了，對他更加禮遇。而馮道根也不負梁高祖重望，忠於職守，忠心報國，屢立戰功。

馮道根為人謙讓與他一直注重修身養性是密不可分的。

馮道根任汝陰（今安徽合肥）太守時，為政清廉，淡泊

名利，他的部下都很敬重他。後來雖官位高貴顯赫，但他生性儉約，所以日子過得很是簡樸。他居住的地方遠離其他高官富麗堂皇的大宅院，只有幾間和普通老百姓沒什麼差別的平房。房屋不曾蓋有廂房，也沒有帶刀侍衛在身邊。有客人來拜訪馮道根時，剛一進入屋子裡面，就感覺像是到了貧賤的寒士家裡，一副寂寞冷落的樣子，十分簡陋。當時許多人很敬重他的清名。

馮道根雖是武將，卻仍舊喜愛讀書。他以前生活貧苦的時候，沒有機會讀書，等到了顯貴的時候，大略地讀了一些書。他時常仰慕西漢大臣周勃的風采和事蹟，並以他為榜樣勉勵自己。

馮道根一生質樸敦厚，淡泊名利，所以他遇事通達。他的成功與自身具有謙讓的這一美德是密不可分的。

不事王侯，高尚其事

【名言】

不事王侯，高尚其事。

——《蠱・上九》

【要義】

這是《蠱》卦上九爻的爻辭。《蠱》卦下體為巽，上體為艮，艮為山，巽為風。卦象是山下有風，風遇山而回，使物散亂，故為有事。蠱，意為有事情。卦辭「元亨，利涉大川」用來說明時值多事之秋，面臨亂世，應撥亂反正，做一番大事業。

《蠱》卦上九爻為陽爻，居一卦之上，於人事講，顯示一個人的清高地位。事，做事。爻辭意思是說，不為王侯做事，高尚自守其事。

這裡說的就是人要保持一種高風亮節，堅守自己的節操。人生在世，要有自己的節操，它表現在許多方面，像是如何看待富貴和貧窮，如何看待功名和利祿，如何看待生死和榮譽等。古代思想家認為，為人重在持節，節操是人之所以為人應具備的重要條件。

滾滾紅塵中，芸芸眾生在忙碌著。外在的富貴榮華、功名利祿對人有很大的誘惑力。對此，孟子有著清醒而理智的認知。「求之有道，得之有命，是求無益於得也，求在外者也。」（《孟子．盡心上》）在儒家看來，名利、權勢等世俗之物不能成為衡量一個人人生價值的標準。人貴在道德修養。在孟子看來，真正的大丈夫應有這樣的操守，能夠居仁依禮而行：「居天下之廣居，立天下之正位，行天下之大道；得志，與民由之；不得志，獨行其道。富貴不能淫，貧賤不能移，威武不能屈，此之謂大丈夫。」（《孟子．滕文公下》）大丈夫以仁義為標準為人處事，不因外界的威逼利誘而變節。孟子的這段話已成為千古絕唱，反映了中華民族堅貞不屈、奮發向上的民族精神。

荀子認為，一個人的道德操守是應當堅守不變的。《荀子．勸學》中講：「是故權利不能傾也，群眾不能移也，天下不能蕩也。生乎由是，死乎由是，夫是之謂德操。德操然後能定，能定然後能應，能定能應，夫是之謂成人。」

是啊，節操對於一個人來說是多麼的重要啊！節操是為人之本，失去了節操的人不能稱其為人，應受到斥責。當守節與獲得一些物質享受發生衝突時，應守節；當天下無道時，應守節；生命中的每一刻，都應牢記守節。

雖然儒家提倡「學而優則仕」，但世事變幻無常，往往自己躊躇滿志而社會沒有提供一展宏圖的條件和空間。所以，人在不得志的時候，就更應「窮則獨善其身」，保持積極的心態，堅守自己的氣節，加強自身修養，提高自身能力，使自己的人格挺立起來。

在遠離仕途的時空下，人更有廣泛地施展才能的機會和境遇。沒有了功名利祿的牽掛，人會一身輕鬆地投身到自己所熱愛的事業中，這不是一件很愉快的事情嗎？

【故事】

陶潛，又名陶淵明，東晉人，文學家，字元亮，別號五柳先生，江州潯陽郡柴桑縣（今江西九江）人，官至建威參軍、彭澤（今江西九江東北）令。著有〈桃花源記〉、〈歸去來辭〉等作品。他出生在一個沒落的官僚家庭，是東晉大司馬陶侃的曾孫。在他很小的時候，父親就去世了，家境日漸貧困。

陶淵明年輕時理想很遠大，博學多聞，受過良好的家庭教育，能寫一手好文章。他才華出眾，性格放達，聽任自然，自得其樂，在鄉里一帶很有名氣，許多人很欣賞他。

二十九歲時，他因家境貧困，第一次出來做官，官職為江州祭酒。他生性坦率剛直，不能忍受做小官的拘束，沒幾天就自動辭職。不久，州裡又召他做主簿，他也不去，自己在家裡種田貼補家用。由於勞累，他的身體變得很差，經常得病。

陶淵明四十歲時應聘到鎮軍將軍劉裕府中做參軍。不久又離開，轉任建威將軍劉敬宣的參軍。雖然身在官場，但一心嚮往美好的自然生活。他向親朋好友說：「我姑且以做官來養家餬口，行嗎？」管事的官員知道後，就推薦他當彭澤縣的縣令。陶淵明本來對自己在官場不得不去應酬別人的行為感到痛苦不堪，加上妹妹病死的消息傳來，他的內心備受煎熬，所以只當了八十多天的彭澤令就辭職了。

陶淵明向來生活簡樸，為人自重，不私下面見官職比他大的官員，就是對必須要接待的官員也是不卑不亢。官場連續不斷的應酬使他感到焦頭爛額。一天，適逢郡裡派督郵到縣裡檢視，早有差役先把公文送了來。陶淵明接過公文，打

開一看，上面寫的和以前差不多，只是強調應該好好款待一番。

陶淵明很是生氣，他知道上次招待官員的錢都是向老百姓徵收來的，這次又哪來的錢呢？如果再向老百姓要，他們的日子會更艱難的。該怎麼辦呢？

陶淵明的手下看他發愁，就說：「大人，上面咱們是得罪不起啊，得好好招待才行。這樣吧，我們再向老百姓收點錢就是了。」

「不行！」陶淵明把手一擺，說道：「這不是個辦法。有了第一次，就有第二次，一而再，再而三，還讓百姓怎麼活？我又於心何忍？我陶淵明不應該再這樣做了。」陶淵明仰天長嘆，說：「我也是一個讀書人，豈能為了五斗米向鄉下小子折腰？」就這樣，陶淵明仍是沒有換好官服、束好腰帶去接待那次來的上級官員。東晉義熙二年（四〇六年），他交還了官印，辭職回家，並寫了與官場訣別的文章〈歸去來辭〉。

陶淵明棄官歸田，注重精神的自由，不追求榮華富貴，最終還是維護了自己的人格，堅持了自己的節操，對後世影響很大。

不遠復，無祇悔

【名言】

不遠復，無祇悔，元吉。

——《復‧初九》

【要義】

這是《復》卦初九爻的爻辭。意為不遠就返回，沒有造成太大的悔恨，故開始即吉。《復》卦上體為坤，下體為震，坤為地，震為雷，雷在地中，有陽動復返之義。從爻畫看，五陰居上，一陽居下，象徵陽被陰剝落之後又復返於初，故復有復返之義。此卦揭示了反覆之道。綜觀《復》卦六爻，可以看出「復」有三層含義：（一）有惡行的人返於善，則有吉。（二）頻繁地復返都會有危厲，但沒有什麼災害。（三）迷途後復返，則有大凶。所引爻辭取的就是第一層含義。

關於這一爻辭，《象傳》作了解釋：「『不遠』之『復』，以修身也。」修身，初九一陽始生於下，就知不善而復返，以此指修身改過，如《繫辭》所言，「復以自知」。

所以，這句爻辭表達了自我省察、及時改過的思想。關於改過，人們都有比較清楚的認知，關鍵是想不想去施行。有的人明知錯了而不改正，有的人剛知道了過錯就馬上注意改正，這是兩種截然不同的生活態度。人的一生中不可能不犯錯誤，貴在知錯能改。這樣我們就可以在種種過錯中不斷記取教訓，不斷地成長。

【故事】

戰國時期，有一個人叫田稷（稷音ㄐㄧˋ），他當時任齊國的相國。田稷有很大的才能，所以能夠很稱職地輔佐國君，受到許多人的尊敬。

田稷手下有一個人，雖然沒有才能，但家境卻十分富有。儘管這樣，他仍想圖個一官半職。怎麼辦呢？這個問題困擾了他許多天。一天，他終於想出來一個好主意。他想，當今相國田大人身居高位，若向他請求，此事就有希望了。高興之餘，他便穿戴整齊，登門拜訪田稷。他小心地向田稷說明了情況，並當場送給田稷黃金百鎰（古代重量單位。一般認為二十兩為一鎰。一說二十四兩為一鎰）。田稷當時也不在意，就收下了黃金。

田稷是個有名的大孝子。他為相所得的俸祿多半也交給母親。這一次他一下子得了這麼多金子，就馬上派人給母親送去。田母是個有賢德的人，她深知做人的尊嚴，便一直嚴格教導兒子要光明磊落地做人。她見到兒子送來的黃金，起先感到欣慰，認為兒子還是夠孝順的。後來，她便有了疑問：不對啊，兒子身為相國以來，一直廉守奉公，他的俸祿本來不多，為何會突然有這麼些金子啊？不行，我得弄清楚才行。

第二天，田稷來看望母親，田母正色地說道：「兒啊，你為相三年，想那俸祿也不多，你從哪來這麼多金子給為娘啊？你可要說實話。」田稷不敢隱瞞，就回答說：「是孩兒屬下一個小吏送來的。」田母追問道：「一個小吏怎會無緣無故地送你黃金？是你強迫人家，還是他對你有所求？」

此時，田稷已經知道錯了。他撲通一聲跪倒在母親面前，低聲說道：「母親，他請求兒子許給他一個官職，兒子想這也不是難事，就答應了。等職位有了空缺，就準備給他安排。」

田母聽了，不禁氣從心頭起，傷心得掉下淚來。她氣憤地用手指著田稷說道：「為娘雖是婦道之人，卻也聽說君子應修身養性，不義之財，不入於家。你身為相國，身居高位，理應廉潔才是，要做到位高而德顯啊！這樣才能上無愧於君親，下無愧於百姓。可是，你卻不聽為娘的話，肆意收受賄賂。如此不忠不孝的人不是我的兒子，永遠不要再踏進我的家門！」說罷，田母傷心地掩面而泣，慢慢地走進內室去了。

田母的話似當頭棒喝，使田稷猛然驚醒。他羞愧難當，想向母親認錯，田母也不理睬。他只能拿著黃金，把它還給了小吏。他意識到了自己的錯誤，覺得自己應受到懲罰，就上朝拜見齊宣王。

齊宣王一直很信任田稷。上朝後，齊宣王發現田稷低著頭跪在地上，就說道：「愛卿請起，有何要事要奏啊？」田稷抬起頭來，滿面羞愧，說道：「臣有罪，請大王懲罰！」

齊宣王一聽覺得有些納悶。平時田相國勤於政事，廉潔奉公，沒有什麼可以挑剔的，這是怎麼一回事呢？當下問道：「相國，這話從何說起？你要仔細說與本王聽。」田稷嘆了口氣，說道：「大王，臣私下收受屬下小吏的黃金百鎰，想為他安排一個職位，觸犯了國法。起初臣並不在意，經慈母大人一番教訓，才知道事情的嚴重性。如今臣雖然已經退還了賄賂，但臣瀆於職守、貪贓枉法已是事實，實屬大罪，請大王定罪！」

齊宣王十分欣賞田稷的才華，不忍懲罰他，說道：「愛卿身為相國，收受賄賂，確是不應該。既然你已退還了贓金，想是有了悔改之心。念愛卿輔佐本王治國有功，就饒恕了這一次，下不為例。希望你今後能廉潔自守，不要重蹈覆轍了！」

田稷聽了，大為感動。他大聲對齊宣王說：「謝大王。臣今後一定痛改前非，若再有這樣的事情發生，請大王嚴懲！」

齊宣王哈哈大笑。他十分讚賞田母的賢德，命人取來黃金百鎰，送給田稷說道：「相國有此賢母，實是我朝的榮耀。這些黃金，是賞賜給你母親的，這次可要她收下啊！哈哈哈！」

田稷連忙謝恩。回到家中，他把齊宣王的賞賜送給了母親，認認真真地向母親認了錯。田母看到兒子的誠心，就原諒了他。

從此以後，田稷勤於政事，不敢有絲毫大意。他牢記母親的話，廉潔奉公，嚴格要求自己。當有人又向他行賄時，遭到他嚴詞拒絕，並且他還嚴懲行賄人。自此，大家都知道田稷不收受賄賂，也不敢再行賄了。而且，田稷的行為也影響了其他人。田稷精心輔佐齊宣王，得到了其他官員的認可。同時，他積極關心百姓疾苦，為百姓做了許多好事，深得百姓敬重，田稷終於成為一代賢相。

君子多識前言往行

【名言】

君子以多識前言往行，以畜其德。

——《大畜．象傳》

【要義】

這是《象傳》對《大畜》卦卦象的解釋。《大畜》卦上體為艮，下體為乾，艮為山，乾為天，天在山中，天至大，山靜止，故有山靜止而養至大之象。故《大畜》指大的蓄養或大蓄積。此卦揭示了大的蓄養的道理。識，學習的意思。這句話的意思是說，君子效法「天在山中」之象，應當廣泛學習前人的品德言行，以培養自己的品德，成就自己的人格。

大千世界，芸芸眾生，面對著紛繁複雜的事情，需要處理和解決許多問題。但是首要以修身為本，挺立出個體的高尚人格，身正影直，以率正氣。每一個人，不管他在社會中擔當怎樣的角色，承擔何種社會責任，一律都應以提高自身的品德修養作為根本，然後才能成為一個真正合格的「人」。

「人」字看筆劃只一撇一捺，寫起來簡單，但是做起來卻非易事。做一個什麼樣的人，怎樣做人，是一門大學問。中國古聖先賢對此多有論述。成就君子的品格，用現代話來說，就是做一個大寫的「人」，透過修身養性，做到行得正，立得直。可以說，做人的學問是中國傳統文化中的精華部分，而修身蓄德則是其中的核心。「自古重賢豪，讀書教兒曹，人生皆有事，修己為最高。」（謝泰階：《小學詩．立敬》）儒家尤以重視變化氣質、涵養道德著稱，一貫主張把正當的社會規範內化為人內在的道德品質，並以此指導自己的行為。修身，然後才能談及齊家、治國、平天下，蓄養出良好的道德品質，然後到社會上做事情，才能對社會有所裨益，建功立業，同時實現自己的價值，體會出生命的意義。

修身養性的方法和途徑有許多，而《彖傳》此言旨在強調，一個人應該勤於和善於從前人和他人的言行舉止中汲取經驗教訓，涵養自己的道德。正所謂「前事不忘，後世之師」。「以銅為鏡，可以正衣冠；以古為鏡，可以見興替；以人為鏡，可以知得失。」君子以「前言往行」為鏡，則可以正德性。《彖傳》對《大畜》卦卦象的解釋，意義正在於此。

【故事】

唐太宗李世民在位時，注重節儉，而這主要是由於他汲取了隋朝滅亡的教訓。

李世民帶兵攻下洛陽城時，看到隋朝繁華的宮殿，就對下屬說：「如此奢華的宮殿本來就是隋朝滅亡的根源，咱們一定要牢牢記住這一教訓。」他下令拆除了一些宮殿，又將宮中美女三千多人放還回家。這樣一來，城裡顯得清靜多了。

一次，新羅國派使者和唐朝修好，送給太宗兩名能歌善舞的美女。邑林國知道太宗喜好玩鳥就獻上了稀有的五色鸚鵡。太宗見了，微微一笑，並沒有收下。他命令使者把禮物帶回去，說道：「使百姓辛勞，使他人不辭辛苦來供自己享樂，這是亡國之道，朕是不會走這條路的。」

貞觀四年（六三〇年），經過太宗的勵精圖治，國家太平，人民安居樂業。太宗便下令整修洛陽的乾元殿，以供日後遊樂之用。

大臣張玄素聽說後，極力反對，說道：「陛下當初攻進洛陽時，曾下令燒了此殿，是因為要以煬帝奢侈喪國的事實引以為鑑。為臣也一直謹記於心。現在，十年的時間還沒有過去，陛下怎就忘記了呢？陛下大興土木以圖玩樂，必會勞民傷財，這樣做陛下又和煬帝有什麼區別？」

太宗聽了，起初很生氣，他想：你怎能把我和隋煬帝作比較呢？轉念又一想，對啊，我若這樣做下去，豈不就成了第二個隋煬帝了嗎？當下又覺得很高興，因為張玄素能及時向自己進諫，能使自己有機會改正錯誤。於是，太宗高興地接受了勸告，下令停止這項工程。同時，又下旨賜給張玄素五色綢兩百匹，作為對他的獎勵。後來，在談起這件事情的時候，他又對大臣們說：「若不是張玄素，朕恐怕要做出違背初衷的事情來了。今後去洛陽，即使要露宿野外，朕也不會再做這勞民傷財的事。」

又有一次，太宗本來打算到南山去看風景、遊玩，便下旨讓下屬準備好。當出發的日子到來的時候，太宗又決定不去了，大臣魏徵便問：「陛下既已決定出行，此番為何又改了主意？」太宗笑著說：「朕是怕你進諫說我不節儉，所以才不敢去了。」於是，君臣心照不宣地哈哈大笑，轉而談論起別的事情來了。

太宗不僅自己注重節儉，他還嚴格要求下屬，一旦發現有人大肆講究奢華，就嚴懲不貸。

這一年，太宗要到蒲州（今山西）去巡視。蒲州刺史趙元楷接到旨意後，心中竊喜，認為自己獲得升遷的機會來了。他決定想盡一切辦法讓太宗高興，太宗一高興，自己的好事也就近了。於是，他便下令招募民工整修蒲州的宮殿，又特地為太宗新建了富麗堂皇的巡宮。宮殿建成後，趙元楷又命人把搜羅到的珠器寶玩一一擺設了進去。這樣一來，宮殿就變得更加豪華了。有了宮殿，還得有宮女才行。於是，趙元楷又下令四處挑選美女佳人，民間許多好人家的姑娘都被迫進宮伺候。趙元楷還命人準備好山珍海味供太宗享用。而這一切的開銷都是搜刮百姓得來，弄得百姓怨聲載道，日子過得苦不堪言。

太宗到達蒲州後，看到趙元楷為自己準備的一切，心中已是很不愉快。表面上他什麼也沒有說，私下裡就派人去調查。當他得知這大操大辦背後的真相時，大為惱火，當下命人把趙元楷找來。看著趙元楷，太宗不動聲色地說：「你為了朕真是費了不少心思吧？辛苦你了！」

趙元楷戰戰兢兢地說：「這是下官的職責所在，只希望陛下能高興就好。」

「那你為什麼不聽朕的話呢？朕說過要去奢從儉，以謹記隋朝滅亡的教訓，你又是如何做的？」趙元楷無話可說，他知道自己的此番苦心已惹得龍顏大怒，心中後悔不已。別說升官發財了，這下更慘，太宗判了他個撤職查辦，這下有苦頭吃了。

太宗知道，天下太平之時，便容易滋生奢侈的不良習慣，而節儉的美德是萬萬不能丟的。於是，他決定進行嚴厲的整頓。他下令王公以下的貴族不得住在豪華的大房子裡。王公貴族的婚喪儀式不應舉行得過於隆重，違令者嚴懲。這樣一來，奢華的風氣得到很有效的控制，大臣們也紛紛回應，宣導節儉之風。

太宗常對大臣們說：「朕貴為皇帝，普天之下莫非王土，四海之內，都是朕的財富。朕要滿天下遊玩，搜羅天下所有的寶物，難道不容易辦到嗎？但朕卻不願意這樣做。因為朕一出行，必然要連累到當地的百姓。為了一己之私欲而勞累天下的百姓，煬帝做得出來，朕是斷不能這樣做的，你們也不應做出有悖節儉之德的事情來。」

太宗借鑑隋煬帝喪身滅國的教訓，提倡、力行節儉，以身作則，使得唐朝保持了較長時間的穩定和經濟繁榮，可以說是既利於自身的修養，又利於國家的發展，是一種英明的舉措，值得肯定。

不恆其德者羞

【名言】

不恆其德，或承之羞，貞吝。

——《恆·九三》

【要義】

這是《恆》卦九三爻的爻辭。《恆》卦上體為震，下體為巽（音ㄒㄩㄣˋ），震為雷，巽為風，雷動借風而遠，風假雷而增減，故有長久之理。《恆》卦闡明了恆久不變的道理。這句爻辭意為不能恆守其德，就會蒙受羞辱，占問則有災。

中國傳統道德對人的言行等多方面進行了規範。儒家在這一方面功不可沒。儒家思想中的理想人格是成就聖賢的品格。而這一理想人格的實現，最終還是要落實在日常的道德踐履中，於言行中完成。

傳統道德告訴我們要有仁愛之心，要謙恭禮讓，要誠實守信。這諸多道德行為的施行卻不是靠人做一次、兩次就行的。人的一生中，時時刻刻都要堅定自己的道德操守，要時刻以道德規範的要求來為人處事，不能有絲毫的偏離。恆守道德，就會做到內心平安，人就可以靜下心來做自己願意做的事情，這樣才會取得事業的成功。即使沒有創建出偉大的事功，也無怨無悔，因為這至少保存了心靈的明淨與清爽。涵養心靈中一片清淨的空間，豈不是很快樂的事？

如果不能恆守其德，人往往就會做出許多背離道德的事，不僅有時會蒙受羞辱，而且嚴重時會給自身招來很大的災難。歷史上，這樣的例子不勝枚舉。

【故事】

蘇武，字子卿，杜陵（今陝西西安東南）人。他年輕時因為父親擔任官職的緣故而被任以官職，和兄弟一起當皇帝的侍從，後來升遷為中廄監。漢武帝時，漢朝和匈奴之間經常挑起戰爭，雙方也屢次互通使節來打聽消息。匈奴扣留了漢朝使節郭吉、路充國等人十多年。漢朝也是這樣對待匈奴的使節。

天漢年元年，匈奴首領且鞮侯單于（單于音ㄔㄢˊ ㄩˊ，匈奴君主的稱呼）剛剛登位，害怕漢朝派軍隊來襲擊，假意提出和親的政策，並把扣留的漢朝使節釋放回漢朝。漢武帝很高興，為了報答單于的好意，就派蘇武以中郎將的身分，拿著賜給他的節杖把匈奴使者護送回去，並把以前扣留下的使者也釋放了，還帶了許多禮物去送給單于。

蘇武與副中郎將張勝、臨時屬吏常惠以及偵察敵情的人共一百人來到匈奴居住的地方。到了目的地，送還了扣留的使者，獻上了給單于的禮物。單于盛氣凌人，對待他們的態度很不好。蘇武為了兩國能和好，強忍著不發脾氣，他只等著單于有了回應好讓自己回去覆命。不料，單于卻有別的打算。他指派以前投降他們的漢朝使者衛律去勸說蘇武投降。

蘇武對下屬說：「喪失氣節，無法完成使命，即使苟且偷生，又有何面目回到漢朝！」說完，便拔刀自刎。

衛律大驚，抱住蘇武，馬上找來醫生為他療傷。醫生在地上挖了一個坑，放上沒有火焰的微火，把蘇武放在地上，用腳踏他的背讓他出血。蘇武好半天才有了呼吸。常惠等哭著將他抬回營帳。單于佩服他的氣節，早晚派人問候蘇武。

蘇武傷癒之後，單于又派衛律前來勸說蘇武投降。衛律說：「我也是不得已才投降的。單于賜給我許多馬、牛、羊，讓我率領幾萬兵馬。這樣也不錯嘛！先生還是投降了吧，何苦讓自己如此受罪呢？」

蘇武冷冷地看了衛律一眼，義正詞嚴地說：「衛律！你做出如此無恥的事還厚著臉皮來讓我投降！你回去吧，我蘇武始終是漢朝的臣子。」衛律見蘇武終不肯投降，就把實情稟告了單于。

愈是這樣，單于愈發要招降他，就暗地裡把蘇武關在地窖裡，不給他供應糧食。冬天，風雪交加，天寒地凍，蘇武感到冷極了。但是，惡劣的生存條件反而更堅定了他求生的意志。蘇武躺在地窖裡餓了就吞食雪塊，撕咬氈毛嚥下，幾天也沒有死去，匈奴以為這是神在幫助他。

於是，蘇武又被送到北海（今貝加爾湖）去放羊，那是個人煙稀少、人跡罕至的地方。常惠也不肯投降，單于就罰他做苦工，但不讓他和蘇武單獨待在一起。匈奴要等到公羊生羊崽後才放蘇武回來。

蘇武在貝加爾湖，匈奴也不給他送吃的，他就挖田鼠藏起來的食物吃，但大多的時候是挖野菜吃。無論條件怎樣艱苦，蘇武都隨身拿著武帝給他的節杖，一刻也不離手。一年一年過去了，他日夜思念著漢武帝，思念著漢朝。時間一長，節杖上的飾旄都脫落了。

自從蘇武被匈奴扣留以後，十多年來，漢朝跟匈奴經常作戰，雙方都元氣大傷。後來，老單于死了，他的兒子當了單于，就派使者到長安來講和。

西漢後元二年（前八七年），八歲的漢昭帝即位。匈奴又派使者到長安要求跟漢朝和好。當時的輔政大臣也派了使者到匈奴去，並向單于提出了一個要求：放還包括蘇武在內的所有漢朝使者。在使者的嚴正交涉下，蘇武才得以回到祖國。

蘇武在匈奴待了十九年。他出使時四十歲，正值壯年，等到他回到長安，頭髮、鬍鬚都白了，已成了一個步履蹣跚的老人。漢昭帝深深感慨蘇武對國家民族的忠貞，給了他大量賞賜，讓他安度晚年。

君子立不易方

【名言】

君子以立不易方。

——《恆・象傳》

【要義】

這是《象傳》對《恆》卦卦象的解釋。《恆》卦上體為震，下體為巽，震為雷，巽為風。《恆》卦闡明了恆久不變的道理，自然界存在著恆久不變的道理，人類社會也存在恆久不變的道理。方，道理。所引名言的意思是說，君子效法《恆》卦之象當以確立不變的道理，要持之以恆。

對於個人的道德修養來講，恆守其德非常重要。只有長期堅守自己的德行，才能養善，才能在其他方面做出成就。對於人做事情而言，持之以恆更為重要。持之以恆有助於將成功的可能性變成現實。做事情若不持之以恆，就很難取得成功。持之以恆地去做事，有時儘管因為種種原因沒有成功，但畢竟自己努力過了，就不會有什麼遺憾了。

《象傳》的這句話主要是告訴我們，人們無論在什麼時候，都應堅持真理，堅定信念，堅持追求。

愛因斯坦說：「對真理的追求比對真理的佔有更為可貴。」為了精神追求，為了對真理的追求，人就可以放棄許多物質的享受，或許得忍受平時難以忍受的痛苦，或許會遇到許多難以想像的磨難。但是，在困難面前，我們不應退縮，應堅定信念，勇往直前，於艱難中不斷向自己的理想與追求靠近，於艱難中慢慢品嘗生活的真滋味，這不也是一件快樂的事情嗎？

【故事】

孔子為了推行他的政治思想，堅持周遊列國。雖然他的治國主張不被當時的諸侯接納，但他依然持之以恆，知其不可而為之，等待著他的主張被採用的那一天。

孔子帶領弟子在蔡國住了三年，他的政治思想沒有被採用。這時，吳國開始攻打陳國。楚國派軍援救陳國，駐軍於城父。聽說孔子正待在陳、蔡邊界，楚國便派人去聘請孔子。孔子很高興，打算去楚國。陳國和蔡國的大夫們在一起商量說：「孔子是聖賢，我們沒有重用他，若他去了楚國，我們就危險了。」於是陳、蔡兩國一起派人把孔子和他弟子圍困在荒野中，結果孔子一行一連幾天都不能趕路，而且連吃的東西也沒有了。弟子們餓的餓，病的病，境況十分窘困。

在這種情況下，孔子依然講誦《詩經》，並彈琴歌唱。子路不高興了，問孔子說：「君子也有窮困的時候嗎？」

孔子回答說：「君子當然也有窮困的時候，只不過不會像小人那樣一旦窮困就為非作歹。」子貢面露不滿，孔子說：「賜，你以為我是努力學習才懂得道理的人嗎？」

子貢回答：「是的。難道不是嗎？」

孔子說：「不是，我只不過一貫堅持道理罷了。」

孔子知道弟子們不高興，於是把子路叫進來說：「《詩經》上說：『不是兕（音ㄙˋ，犀牛）、不是老虎，為何在曠野上遊蕩？』我所遵循的道理不對嗎？我們為何落到這個地步？」

子路說：「難道是我們還沒有做到仁，人們才會不相信我們嗎？難道是我們不夠聰明，人們才會不放我們走嗎？」

孔子說：「有這樣的道理嗎？假使仁者就一定使四方相信他，怎會有伯夷、叔齊餓死的事情呢？假使智者就一定會處理事情，怎會有王子比干被剖心的事呢？」

子路出去，子貢進來了。孔子也問了他同樣一個問題。

子貢回答：「夫子的道太偉大了，所以天下容不下夫子。夫子何不稍微降低一下標準呢？」

孔子說：「好的莊稼人會耕種，未必會有好收成，好工匠手藝很好未必會使所有顧客滿意。君子能遵循並堅守自己的理想，而不能放棄以求寬容。現在你不想堅守理想而求降低理想的標準。你的志向不遠大。」

子貢出去，顏回進來了。孔子詢問他對這個問題的看法。

顏回回答說：「夫子的道太偉大了，所以天下容不下夫子。雖然這樣，夫子還是應堅持推行大道，容不下怕什麼?容不下才顯示君子的風采，夫子不能遵循大道，是我們的不對。夫子遵循大道而不被採用，是諸侯的不對。」

孔子欣然而笑，說：「好一個顏回，假使你很有錢，就讓我替你管理吧。」

後來，孔子派子貢到楚國去請救兵。楚昭王派兵來迎接孔子一行，才解除了孔子的困境。之後，孔子仍然堅定地走自己的正道而不改變。

君子遠小人

【名言】

君子以遠小人，不惡而嚴。

——《遯・象傳》

【要義】

這是《象傳》對《遯》卦卦象的解釋。《遯》卦上體為乾，下體為艮，乾為天在上，艮為山在下，山高上逼，有峻極於天之勢，天體無窮而遠山退去，故有退之義。《象傳》說天下有山，象徵退避。《遯》卦揭示的正是退避的道理。

這句話的意思是說，君子效法此卦象應當遠避小人，不表現出對小人的憎惡之情而又保持自己的尊嚴。雖然隱退，但依然維持自己的尊嚴，堅守自己的德行，保持自己的道德風範。

【故事】

李泌是唐朝一名官員。他出身於官宦世家，少年早成，能文善辯。唐朝開元年間，被唐玄宗稱為奇童。後來，玄宗命他為待詔翰林，掌表疏批答，應和文章等事。唐玄宗還命李泌充任皇太子的講官，李泌得以成為太子李亨的師友。後來，因為他不滿楊國忠、安祿山等人的不法行為而作詩發洩，被楊國忠知道了。楊國忠對李泌懷恨在心，便在玄宗面前對李泌大加攻擊。唐玄宗聽信了楊國忠的讒言，將李泌斥逐到蘄（音ㄑㄧˊ）春郡。

安史之亂發生了，玄宗逃往四川。太子李亨即位為唐肅宗，宦官李輔國不離其左右，成為他的心腹。但是，李輔國是一個小人。而唐肅宗在政事上又聽從寵妃張良娣的話，所以在當時唐肅宗沒有能力處理好政務，無法恢復戰亂後的困難局面。

唐王朝進入了生死存亡的關鍵時刻，李泌不禁憂心如焚。肅宗急著招賢納士，便想到了曾經與自己朝夕相處的李泌。或許是心有靈犀，就在這個時候，李泌也費盡周折找到肅宗。肅宗見到李泌，十分高興。他和李泌徹夜長談，十分投機。李泌見肅宗態度誠懇，便向他講述了天下事成敗的歷史教訓，令肅宗很是佩服。肅宗打算授予李泌官職，被李泌堅決地推辭掉了。他知道自己沒有戰功，若此時居以高官，必招來禍害，就決定以客卿的身分幫助肅宗安定天下。雖然這樣，肅宗還是下令讓李泌追隨左右，兩人形影不離。李泌與郭子儀一同為肅宗效忠，一文一武，為肅宗分擔了不少負擔，政績十分突出。

肅宗的次子建寧王李倓（音ㄊㄢˊ）不僅驍勇善戰，而且心地善良，對肅宗很孝敬。肅宗很喜歡李倓，決定任命李倓為兵馬大元帥，全面負責平叛大事。

當時，廣平王是長子，而且還沒有被立為太子。李泌怕這樣會引起兄弟之間的爭鬥，便私下對肅宗說：「建寧王誠然很賢能，但廣平王畢竟是長子，並且有君主的胸懷。皇上難道想讓廣平王又當吳太伯嗎？」

歷史上的吳太伯是周文王的大伯父，他看到父親想傳位給他的四弟季歷，自己便主動讓位，逃至吳地，史稱吳太伯。李泌又進一步說道：「皇上試想，假如建寧王任大元帥以後立了大功，將領們都聽他的指揮，您就是想不立他為太子恐怕也做不到了。」接著，李泌便說起唐太宗和唐玄宗都是先掌兵權而後奪皇位的事情。肅宗仔細考慮，決定接受李泌的建議，任命廣平王為兵馬大元帥，避免了日後兩兄弟爭權局面的產生。

張良娣和李輔國狼狽為奸，密謀趕走李泌。於是，他們向肅宗進言建寧王想當元帥，力圖謀害廣平王。肅宗不問究竟，也不與李泌商議，就殺了建寧王，而建寧王正是由於揭露了張、李兩人的罪惡行徑而得罪了兩人的。李泌知道了此事後，處事更加小心謹慎。平日裡，他依然用心地處理政務，工作一絲不苟，沒有什麼過錯。

由於李泌受到肅宗的格外器重，招致李輔國等人的嫉妒，他們對李泌百般詆毀。為了躲避災禍，唐軍入駐西安後，李泌便請求到南嶽衡山隱居。肅宗不解其意，但最後還是同意了他的請求。李泌於是在衡山過起了隱居生活。他知道在朝廷為官雖然很好，但是由於時機不好，奸臣當道，肅宗又不是很英明。所以，如果自己堅持正道，以求施展自己的抱負，必遭殺身之禍。這樣離開朝廷，退隱山林，與大自然同樂，反而能落個逍遙自在。

肅宗死後，其子李豫登位，為唐代宗。代宗下詔讓李泌回到長安，讓他娶妻做宰相，命他做世俗之人。李泌見君意難違只得娶了妻子，但是說什麼也不願意做宰相。而當時京中也有不少人排擠李泌，力圖把他驅逐出京城，代宗也就不再堅持。

李泌先後在澧州（澧音ㄌㄧˇ，今湖南澧縣）、杭州任職為官，為當地百姓做了不少好事，深得百姓的愛戴。那些想謀害他的人竟也找不到陷害他的把柄，於是，李泌日子倒也過得安穩。

代宗死後，唐德宗李適即位，由於他不善於處理政務，好猜忌別人，結果弄得內外大亂，唐王朝岌岌可危。在這關鍵的時刻，德宗不得不請李泌出山，任命李泌為宰相，以挽救危急的局勢。

李泌做了宰相，以謙卑的口氣向唐德宗提出了許多有效的治國建議，如嘉獎功臣，大膽起用人才等。德宗欣然接受。此後，局面才有所改善。

李泌先後為唐朝四代皇帝效力，在天下大亂時出來輔佐君主，功成時則身退，實在是由於他能審時度勢，因應不同的時機採取不同的做法，既不失尊嚴，又使自己得以保全。

君子非禮弗履

【名言】

君子以非禮弗履。

——《大壯．象傳》

【要義】

這是《象傳》對《大壯》卦卦象的解釋。《大壯》卦上體為震，下體為乾，震為雷，乾為天，雷響在天上，聲勢壯大，故為大壯。這句話的意思是說，君子應效法此卦之象，不履行非禮之事，需循禮而動。也就是說，君子要保持強盛的態勢，必須使自己的言行合於禮，做到「非禮勿視，非禮勿聽，非禮勿言，非禮勿動」（《論語．顏淵》）。

禮，在這裡指社會的倫理道德制度。君子應嚴格地遵守禮，要行正道，否則會處於艱難的境地，更有甚者會自取滅亡。

古代學者對此有很深刻的見解。古人云：「不學禮，無以立。」（《論語．季氏》）《論語．雍也》中也講：「君子博學於文，約之以禮，亦可以弗畔矣夫！」荀子認為，「禮者，所以正身也；師者，所以正禮也。無禮，何以正身？無師，吾安知禮之為是也。」（《荀子．修身》）中華民族是禮儀之邦，在上下五千年輝煌的歷史進程中，禮無疑產生了很大的作用。可見，禮，無論是對於修身而言，還是對於治國而言，都是有很大作用的。

【故事】

程顥（顥音ㄏㄠˋ），字伯淳，人稱明道先生。其弟程頤（頤音ㄧˊ），字正叔，人稱伊川先生。他們是河南洛陽人，都是北宋著名學者，世稱「二程」。根據宋明理學家的觀點，認為孔孟道統自漢魏以後因為釋老之學流動而中斷。到宋明時期，由理學家重續道統。所以，二程在宋神宗熙寧、元豐年間大講孔孟之學。河南、洛陽的士人熱愛讀書，敬仰孔孟的大學問，都想跟二程學習。

楊時（一〇五三～一一三五年），字中立，南劍將樂（今屬福建）人，是北宋學者，世稱龜山先生，官至龍圖閣學士。他學於二程，與游酢（酢音ㄗㄨㄛˋ）、呂大臨、謝良佐並稱程門四大弟子，並著有《龜山文集》。一次，他接到調令就要離開洛陽到南方去了。但是，他卻並不急著趕去，而是在潁昌以學生拜見老師的禮節去拜見程顥，師生之間相處得非常愉快。等到他學成離開的時候，程顥看著他的背影感慨地說道：「我的學說就要傳佈到南方去了。」

四年之後，程顥去世了。楊時聽到消息後，在自己家裡設立了老師的牌位，放聲大哭，同時又寫書信告知曾在一起學習的人，一同祭奠老師。

幾年之後，四十歲的楊時又來到洛陽，想去拜見程頤。冬日裡的一天，大雪紛飛，他和游酢一起去拜見程頤。兩人上前去敲門，書僮出來告訴他們說：「先生看書累了，此時正倚在書桌旁打盹呢！」兩人得知，為了不打擾程頤，就在門外等候。雪愈下愈大，大地變成了一片雪白。

程頤一覺醒來，已過了不短一段時間。書僮這才告訴他，楊、游兩人已在外等了多時。程頤聞言大驚，他急忙起身和書僮來到大門口。屋外寒風刺骨，雪依然在下著，程頤頓覺寒氣襲人。他裹緊了身上的外衣，打開大門。門「吱呀」一聲開了，程頤發現門外雪深達一尺多厚。平整的雪地裡站了兩個雪人，見了程頤，馬上行禮，正是楊時、游酢二人。程頤為兩人的精神所感動，招呼他倆趕快進屋暖和一下，並悉心傳授平生所得之學問。而楊時、游酢「程門立雪」的故事也作為尊師循禮的典範被後人廣為傳誦。

君子自昭明德

【名言】

君子以自昭明德。

——《晉・象傳》

【要義】

這是《象傳》對《晉》卦卦象所作的解釋。《晉》卦上卦為離，離為太陽，下卦為坤，坤為大地。太陽出現在大地上，普照萬物，所以稱作《晉》卦。此卦有日出地上逐漸上升之象，所以《象傳》曰：「晉，進也。明出地上，順而麗乎大明，柔進而上行。」說的正是這個意思。昭，使之顯明的意思。明德，指純潔澄明的德性。自昭明德，就是透過自己積極主動的行為使自己本已具備的澄明德性更加彰顯出來。所引名言的意思是說，效法《晉》卦的這一精神，君子就應不斷地進行道德修養，彰顯自己本來就已經具有的光明德性。

中國古來重視道德修養。古代經典文本《大學》開篇就指出：「大學之道，在明明德，在親民，在止於至善。」開宗明義地闡明了大學之道三，首要在「明明德」，說的也是這個意思。古人盛讚一個人，往往會說其「道德文章」如何如何，可見對德性的重視。古人常把研究做人、提高德性的學問稱為「大學問」。而大學之道亦即為人之道，而為人則是中國先哲們所要解決的根本問題。

先哲認為，人之為人的根本在於人生來所固有的德性，光明的德性如仁、義、禮、智、信等等都是人生來就具有的。但是，這種德性常常會為各種欲望所遮蔽，就像鏡子蒙上一層灰塵一樣，變得昏暗不明。君子重視自身的道德修養，就要不斷開掘自己本已具有的本心良知，「時時勤拂拭，莫使惹塵埃」，使這種光明的德性顯露出來。這就是「自昭明德」，是君子成己、立身之根本。

【故事】

商國的國君成湯滅了夏桀取得了天下之後，就遇到了前所未有的天災。老天不下雨，大旱七年，江河裡的水都曬乾了，地上的石頭和沙子也快曬化了，百姓叫苦連天。

在古代，由於對於大自然的無知和對神靈的虔誠，在遇到大事情的時候人們常需要占卜。成湯見求雨求不下來，便讓史官卜了一卦。史官在占卜後，告訴成湯：「大王，假如拿人來做犧牲上供神靈的話，才有求雨的希望。」

成湯說：「既然求雨是為了百姓，一定要拿人做犧牲，那就讓我來吧！」成湯在心中默念：「尊貴的天神啊，我成湯誠心誠意向您求雨，請您一定要下雨啊！」

舉行盛大典禮的日子到了，成湯換上了一件粗布衣裳，披散著頭髮，身上捆了一束易燃的白茅，坐在白色的車子上，用白馬拉著，朝著殷民族的神社桑林出發。人們抬著三足鼎，演奏著莊嚴肅穆的音樂，走在前面，成湯的馬車慢慢地跟在後面。一路上，巫師們高聲吟唱著求雨的禱文。

不多時便來到了桑林。神壇已經擺好，神壇的前面堆了一大堆柴火，祭盆裡的火燃燒著。幾位巫師正聚精會神地在做著法事。成湯走下馬車，神色自若。他默默地走向神壇，跪倒在地，雙手合十，虔誠地向神祈禱：「萬靈的天神啊，我一個人有罪，請不要連累萬民。萬民有罪，請加在我一個人身上。請神靈不要以我的罪過來傷害萬民的生命。」

祈禱完畢，大巫師走過來，拿出剪刀剪下成湯的一些頭髮和指甲，然後把它們丟在火裡燒掉了。隨後，兩個巫師扶著成湯走上那高高的柴堆。只要時刻一到，巫師便會點燃成湯身體四周的柴火。

此時，已有好多百姓趕來了。天空依舊晴空萬里，沒有一絲雲彩，空氣依然是那樣地炎熱。成湯感到自己的皮膚都要燃燒起來了。他閉上眼睛，靜靜地等待著。

百姓們多麼不希望成湯王為了他們而捨棄自己的生命啊！可是，這是沒有選擇的選擇。祭雨的時刻終於到來了，尖利的號角聲響起來了，人群中已傳出了低低的啜泣聲。巫師們從祭盆中點燃火把，然後圍著柴堆站好，同時把火把放在柴火上。火燃起來了，層層火焰透過柴火炙烤著成湯的身體，他緊咬牙關堅持著，不出一點動靜。他在心中強烈地祈禱著，祈禱著……

這時，奇蹟出現了。或許是成湯的精神感動了天地，或許是其他原因，只覺得天邊一陣狂風吹過來，霎時烏雲佈滿天空，豆大的雨點密密地落下來。一陣電閃雷鳴過後，雨也下得愈來愈大了。

祭盆裡和柴堆上的火已經被澆滅了，巫師們連忙把敢於獻身、充滿仁愛之心的成湯王扶下來。成湯欣喜地看到，乾裂已久的土地由於雨水的滋潤已經黏合在一起了。歡喜的人群在雨中歡呼、跳躍。人們仰起臉來，盡情地享受著雨水的甘甜。

成湯王用手接了一捧水喝了，欣慰地笑了。

君子同而異

【名言】

君子以同而異。

——《睽·象傳》

【要義】

這是《象傳》對《睽》卦卦象的解釋。《睽》卦上體為離，下體為兌，離為火在上，兌為澤在下，火炎上，澤潤下，二者相背離，所以有乖異、違離之義。此卦說明了乖異的道理。而澤和火都能利人，卻因為性質不同而分散背離。所引名言的意思是說，君子在效法此象時應求大同，存小異。

在現實社會人生中，人與人之間不可避免地存在著各方面的「異」，但大家也有共同的

「大同」。在人際交往中，人與人之間會有各種各樣的關係，如利益關係、同事關係、朋友關係、親情關係等。其中，利益關係是人際交往中需正確對待和認真處理的關係。若處理得好，人與人之間的關係會融洽、和諧，每個人也會心情愉悅；若處理不當，人與人之間的關係會變得僵硬、尷尬，甚至會達到反目成仇的地步，又哪來什麼好心情做事情呢？

《周易》則為我們提供了一種良好的處理問題的方法：求大同，存小異。在共同的利益面前，我們要聯手起來好好合作。在今天，國與國、民族與民族、人與人等多方面存在著或多或少的摩擦衝突。但只要我們堅持求大同、存小異的原則，整個世界才能有發展。就個人而言，我們既是獨立的個體，又是社會的組成人員。因而，我們可以保留自己的獨立性，同時在社會大整體中也應和其他人保持良好的合作關係，遵守社會的遊戲規則，維護社會的秩序，這樣才能利於我們自身的發展。

【故事】

周元王元年至秦王政二十六年（前四七五～前二二一年），秦始皇統一中國之前這段時期，歷史上稱為「戰國時期」。從春秋末期到戰國，是我國由奴隸社會向封建社會轉型的時期。這一時期，國與國之間由於各自的利害關係，時而聯合，時而對抗，出現了齊、楚、燕、韓、趙、魏、秦「戰國七雄」稱霸中原的局面。這七個國家為了自身的利益經常進行戰爭，形成萬馬逐鹿的混亂局面。由於這幾個國家力量相差不是很大，所以有時為了共同的利益，也能聯合起來。

一次，秦國的軍隊包圍了趙國的都城邯鄲（音ㄏㄢˊ ㄉㄢ），魏安釐王派將軍晉鄙領兵救趙。由於害怕秦軍的威力，魏軍在蕩陰（今河南湯陰）屯兵，不再前進了。魏王又派將軍辛垣衍潛入邯鄲，透過趙國的相國平原君轉告趙王說：「秦軍之所以緊密圍困邯鄲，是因為先前跟齊閔王爭強，互爭帝號。後來秦王無奈放棄西帝的稱號，是因為齊王除去東帝稱號的緣故。現今齊國更加弱小了，天下唯獨秦國最強。秦國這次出兵不是一定要奪取邯鄲，而真正的用意在於求個帝號。趙國如果能派一個使節去拜秦昭襄王為帝，秦王一高興，就會撤軍了。」平原君聽了，覺得不太妥當，一時猶豫不決。

此時，著名謀士齊國人魯仲連正巧在趙國作客，聽說了這件事情，就去拜見平原君，問說：「事情怎麼樣了？」平原君嘆了口氣，說：「我還敢說話嗎？趙國已經在境外折損了上百萬的軍隊，現在秦兵又深入國境，包圍了邯鄲，根本沒法讓他們退兵。魏王派來的客將軍辛垣衍就在這裡，要我們尊秦為帝，我哪裡還敢說什麼！」

魯仲連是個明白人，他知道若秦國稱了帝，其他六國的日子就不好過了，後果不堪設想。當下，他打定主意，便對平原君說：「辛垣衍在哪裡？讓我跟他談談吧。」

平原君聽了，馬上說道：「讓我去請他來見先生吧！」

平原君找到辛垣衍，對他說：「齊國有位魯仲連先生正好在我國，我想介紹他跟將軍您見見面。」辛垣衍說道：「聽說魯仲連是齊國的高士，我是臣子，奉命來出使，有要職在身，還是不見面為好。」無奈平原君再三勸說，辛垣衍只好答應了。

魯仲連見了辛垣衍，並不開口講話。辛垣衍便打趣說道：「依我看，留在這座城市裡的人，都是要向平原君討點好處的。但我看先生的樣子並不想這麼做。那您為什麼不離開這裡呢？」

魯仲連便說：「世人都認為鮑焦不是從容地死去的，這種看法是不對的。現在沒有見識的人才僅僅替個人打算。秦國本來是個不講禮義、窮兵黷武的國家；用詐術來對待讀書人，把百姓當俘虜看待。如果秦王毫無顧忌地做皇帝，統治天下，那麼我魯仲連只有跳東海自殺了，我是絕不願做秦國的百姓的！我之所以來見將軍，是想對趙國出點力啊！」

辛垣衍便問：「先生怎樣來幫助趙國呢？」魯仲連說：「我打算讓魏、燕兩國出力幫助它，齊、楚兩國已經在幫趙國了。」辛垣衍聽了，不以為然，說道：「先生有何良策來讓魏國幫助趙國呢？」魯仲連說：「這很容易！以前，魏國沒有看到秦國稱帝後的害處，如果知道了這些害處，它一定會幫助趙國的。」

「什麼害處呢？」

魯仲連聽了，便繼續說下去：「以前齊威王實行仁義，宣導天下諸侯去朝見周天子。那時，周王室衰微，諸侯都不願去朝見周天子，只有齊王單獨去。周天子死了之後，齊王就對他破口大罵，這實在是由於忍受不了天子的苛求啊！既然尊為天子，倒也認為理所當然。」

辛垣衍說：「先生您沒見過僕人嗎？十個僕人聽從一個主人，難道是力氣比不過、才智跟不上嗎？是因為怕他啊！」

魯仲連點了點頭，又問辛垣衍：「魏國對於秦國好比僕人對主人嗎？」

「是！」

魯仲連聽了，不禁笑道：「那你們就甘願當僕人嗎？你還是再聽我說兩件事情吧！以前，鬼侯、鄂侯和西伯侯是商朝的三公。鬼侯有位女兒長得很漂亮，鬼侯為了顯示對紂王的忠心，便把女兒獻給他。誰知紂王卻並不領情，反而嫌她醜，認為鬼侯有欺君之心，就把他殺了。鄂侯為鬼侯辯解時由於言辭激烈，也被紂王殺了。西伯侯姬昌聽了，嘆了口氣，依舊被紂王關進監牢。為什麼有如此才能、具備了稱帝條件的人，會有如此下場呢？

「再有，齊閔王要到魯國去，夷維子跟隨他一同去。夷維子對魯國人說：『你們準備怎樣款待我們的國君呢？』魯國人回答道：『我們準備用牛、羊、豬各十頭來款待你們國君！』夷維子說：『你們這樣接待我們國君，是哪來的禮節呀？我們的國君是天子。天子出來視察，諸侯都得讓出正殿，自己住在殿外，交出鑰匙，還得像僕人一般，撩起衣襟，端著几案，站在堂下，侍候天子用膳。要等天子吃過了酒食，才告退下去聽政辦公。』魯國人一聽，把城門關得緊緊的，最終沒讓他們一行進去。

「於是，齊閔王不得不轉道去薛國。路過鄒國的時候，正逢鄒國國君去世，齊閔王便想前去弔喪。夷維子對鄒國剛即位的國君說：『天子來弔喪，主人一定要把靈柩移轉方向，坐南朝北，好讓天子南面致弔禮。』鄒國的群臣哪裡肯依，群情激憤地說：『如果你們一定要這樣做，我們就自刎而死，絕不受辱！』齊閔王見狀大驚，也就不敢去鄒國了。鄒國和魯國的臣子活著的時候，輪到他們在天子跟前當差，死後也不能按照隆重的儀式盛殮。同樣，閔王想讓他們用對待天子的禮節來侍奉自己，也是辦不到的。

「如今秦國是個有萬輛戰車的大國，魏國也是，彼此同樣可以稱王。但若僅僅看到秦國打了一次勝仗就想尊秦為帝，這樣看來，韓、趙、魏的大臣們還比不上鄒、魯的臣子呢！再者說，秦王的貪心沒有止境。如果他真的稱帝了，就會變換諸侯的大臣，撤換他認為不行的人，提拔他認為能幹的人，處罰他所厭惡的人，賞賜他所喜愛的人。他還要把自己的女兒和那些喜歡說壞話的女人嫁給諸侯作為妃嬪。這樣的人進入魏國的王宮，魏王還能心安體泰、平安無事嗎？就將軍您而言，又怎能保證仍舊保持以前魏王對您的寵幸呢？」

魯仲連的聲音抑揚頓挫，他的這一番話把辛垣衍說得心服口服。辛垣衍站起身來，拜了兩拜，抱歉地說：「我起先以為先生是個普通人，今天我才知道先生真是天下少見的高士！我要走了，絕不會再提尊秦為帝的事情。」辛垣衍離開了，魯仲連為自己的一番努力有了結果而感到欣慰。他準備靜觀事態的發展。

秦國的將領知道了這件事後，就退兵五十里。這時，魏安釐王的弟弟信陵君奪取了晉鄙的兵權，統率大軍來援救趙國，攻打秦國，秦軍不敵，就撤兵了。

戰爭勝利了，這可解了趙國的燃眉之急，幫了趙國的大忙。於是，平原君決定封賞魯仲連。魯仲連再三推辭，怎麼也不肯接受。平原君設宴款待時，魯仲連說道：「作為天下之士可貴的地方就在於他們樂於替人排難解紛，而不取任何報酬。如果拿了報酬，那就跟商人沒有什麼兩樣。我魯仲連可不願做這樣的人！」於是，魯仲連向平原君告辭，離開了趙國，從此再也沒有露面。

君子反身修德

【名言】

君子以反身修德。

——《蹇·象傳》

【要義】

這是《象傳》對《蹇（音ㄐㄧㄢˇ）》卦卦象的解釋。《蹇》卦上體為坎，下體為艮，坎為水在上，艮為山在下，山上有水，水為山所阻不得下流，故有行難之象。外卦為坎為險，內卦為艮為止，故有坎險在前，見險而上之義。此卦所記皆為有險之事。

所引名言的意思是說，君子遇險阻時，應反省而修養道德。它告訴我們，在遇到困難時，不管是在學習上，還是在工作中，都應當進行自我反省，尋找並克服自身存在的問題，從而進一步充實完善自己的道德和才能，而不應怨天尤人，更不能自怨自艾，裹足不前。正如唐人孔穎達在《周易正義》中所說的「君子恆自戰戰兢兢，不敢懶惰；今見天之過，畏雷之威，彌自修身，省察己過」。

為人處世，人不可能不犯錯誤。因而，人要經常反省自己的思想和行為，以嚴格的道德標準辨察自己思想和行為中的對錯，要切實自我批評，及時改正自己的錯誤。

歷代思想家都非常重視「修省」這一問題。曾子說：「吾日三省吾身：為人謀而不忠乎？與朋友交而不信乎？傳不習乎？」（《論語．學而》）孔子曰：「見賢思齊焉，見不賢而內自省也。」（《論語．里仁》）認為見到賢者應向他學習，見到不賢之人應進行自我反省。孟子說：「愛人不親，反其仁；治人不治，反其智；禮人不答，反其敬。行有不得者皆反求諸己，其身正而天下歸之。」（《孟子．離婁上》）講的也是要時時處處進行自我省察。《荀子．修身》也說：「見善，修然必以自存也；見不善，愀然必以自省也；善在身，介然必以自好也；不善在身，菑然必以自惡也。」韓愈也提出了「責己」的重要性。「古之君子，其責己也重以周，其待人也輕以約。重以周，故不怠；輕以約，故人樂為善。」（《韓昌黎集》卷十一《原毀》）

進行自我省察很是重要。自省涉及的範圍很廣，人要經常檢察日常生活中的言語和行為的各方面，嚴格要求自己，才會達到更高的道德修養的要求，才會使自我形象變得高大、偉岸，實現自己的理想和價值。

修省的修養方法，是儒家所提倡重要的修養方法。儒家尤為注重自身的德性要求，若發現做得不夠好，往往不去尋找外界原因，而反轉到內心中，講究內心的高度自覺。正如孟子所說：「仁者如射：射者正己而後發；發而不中，不怨勝己者，反求諸己而已矣。」（《孟子．公孫丑上》）

由這種內在自覺轉到外在的踐行，然後再轉到內在的省察，這種循環往復的過程無疑對人的道德修養是有很大益處的，值得提倡。

【故事】

古時候，有一個人叫姬昌，他就是後來的周文王。最初他是殷商朝統治下周國的國君。他在位五十年，廣泛推行仁政。他制定法令規定百姓助耕公田，交納九分之一的租稅。大小官員都有土地，子孫繼承，作為公家的俸祿。商人來往各地，關市不收稅；不禁止在水池、河渠裡捕魚；一人犯罪，妻子兒女不受株連。這些仁政，與紂

王的暴政形成鮮明對比。商朝的老百姓紛紛逃往周地。

姬昌雖然貴為國君，但他常常穿著普通人的破舊衣服，到田地裡勞動。日出而作，日落而息。他對老百姓很仁慈、寬容。

一次，姬昌派人挖池，挖出了死人的遺骸，官吏把這件事報告了姬昌。姬昌嘆了口氣說：「另外找個地方把他埋葬了吧。」

官吏答道：「這遺骨沒有人來認領啊！」

姬昌正色說道：「擁有整個天下的人就是天下的主人。擁有整個國家的人就是一個國家的主人。現在我不就是這遺骨的主人嗎？」於是下令讓官吏給遺骨穿上衣服，找了個僻靜的地方埋葬了。

四方的百姓聽說了這件事，都說：「我們的大王真是賢明啊！他的恩惠施及死人的遺骨，更何況對活著的人呢？」於是老百姓都很愛戴他，願意親近他，向他提意見和治國的建議。

有一次，有人告訴姬昌：「老百姓在怨恨你呢！」他聽了以後，就召集臣子，讓他們指出自己的缺點和過失，從而對自己的言行更加謹慎。如果真的是自己的過錯，他就趕快改正。如果不是，就記在心裡，勉勵自己。

於是，各地的賢德之士都來投靠周國。住在孤竹國的伯夷、叔齊聽說西伯（即姬昌）善待老人，也投奔在他的門下。

姬昌絲毫不敢懈怠，他更加認真地治理國政。他禮賢下士，又親自請來了姜子牙，為他殲滅紂王出謀劃策，並讓姜子牙經常給自己提意見，從而使自己不偏離正道。

經過姬昌的勵精圖治，周國變得很強盛。他又調解了虞、芮（音ㄖㄨㄟˋ）兩國的爭端，使之和好，從而提高了周國在諸侯國中的威望。四方諸侯日漸歸附周國。

姬昌發動兵馬，先討伐擾亂邊疆的少數民族犬戎獲勝，接著又出兵滅了密須國（今甘肅靈台西南），鞏固了周國的西北邊防，其後又打敗東面的黎國（今山西黎城），攻克了崇國，並在此修建了新都。

姬昌治國五十年，始終注重自己德行的培養，不斷反省自己，才有後來的大事業。他死後，他的兒子姬發（即後來的周武王）打敗了紂王，完成了統一大業，建立了周王朝。

負且乘，致寇至

【名言】

負且乘，致寇至，貞吝。

——《解・六三》

【要義】

這是《解》卦六三爻的爻辭。《解》卦上體為震，下體為坎，坎為水，水可化作雨。雷雨並作而起，天地陰陽通氣，故有緩解之義。也可理解為，《解》卦外卦為震，震為動，內卦為坎，坎為險，動在險外，即脫離危險，故有解除危險之義。對此，《彖傳》講：「解，險以動，動而免乎險，解。」《解》卦說明了解除險難的道理。《解》卦六爻說明了解除險難過程的具體情形。《解》卦六爻除六三爻外，都說明吉之象。而從這六三爻的爻辭中，我們可以體悟到其中所蘊含的道理。六三爻爻辭意為肩負物而又乘車，招致盜寇打劫，占之羞吝。對此，《象傳》理解為肩負物而又乘車本來就是不合適的，自己招致兵戎來伐，又是誰之過錯？

人生在世，有時禍患的來臨是不可避免的，但有時是人們平時不注意恭敬謹慎而造成的。孔子講的「修己以敬」很有道理。人要敬人，同時也要在言行上謹慎，注意做好各方面的工作。這樣才會盡量避免禍患的發生，獲得生存的快樂。

【故事】

楊駿是晉朝人，他的女兒就是晉武帝司馬炎的皇后。他憑藉女兒的地位取得了權勢，但掌握大權後便胡作非為。他自己不行正道，不僅被別人殺害，還落得了個株連九族的下場。

晉武帝司馬炎即位以後，認為魏朝很快就滅亡了的原因是皇族子弟沒有權力。所以，他採用了周朝的分封制度，分封了二十七個諸侯王。他以為這樣晉朝的江山就會如同松柏一樣萬古長青了。實際上，他做了錯誤的選擇。

統一了全國後，晉武帝以為可以喘口氣了，就肆意行樂。他整日在寢宮玩樂，久而久之，把身體給搞垮了。太熙元年（二九〇年）的冬天，晉武帝一病不起，吃盡了各種靈丹妙藥也不見好。晉武帝不能打理朝政了，就讓皇后的父親楊駿幫忙商量大事。

楊駿是個野心很大的人。他剛掌握了大權，就決心除掉其他有權勢的大臣。他先對汝南王司馬亮下手。司馬亮是晉武帝的叔叔，權力很大。楊駿費了不少心思才說服晉武帝封司馬亮為大司馬，都督豫州的軍事。這樣，司馬亮就得離開京城。只不過當時晉武帝病重，司馬亮還不能馬上啟程上任。

楊駿背著晉武帝把原來服侍晉武帝的人都撤換了。一天，晉武帝發現了這一情況，就問楊駿怎麼回事。楊駿忙說：「原來伺候的人年齡大了，手腳不靈便。臣下特地選了些機靈幹練的人，對皇上一定會忠心。」

晉武帝有些不高興，有氣無力地瞪了楊駿一眼，說：「把奏章拿來讓朕看看。」武帝看了幾份，便不想再看，因為楊駿把一些奏章批得亂七八糟。他接著問道：「汝南王離京了沒有？」

「沒有。」楊駿說了實話。武帝馬上說：「立即下旨，讓他留在京城和你一起輔政。」楊駿沒有辦法，只好傳令下去，起草聖旨。

一會兒，武帝又神志不清，昏迷了過去。楊駿見狀，馬上跑了出去，直奔中書省，詢問聖旨傳下去了沒有。當他得知還沒有發出去的時候，鬆了口氣，然後說皇上要收回這道聖旨，便取回了聖旨。

一天傍晚，晉武帝已經不行了。楊皇后命中書監華廙（廙音ㄧˋ）、中書令何劭起草遺詔。楊皇后代替晉武帝說出了遺詔的內容：封楊駿為太子太傅、太尉，掌管全國的軍隊和政務。詔書寫好後，楊皇后把它拿到武帝眼前，武帝已經連看的力氣也沒有了，一會兒就嚥了氣。

第二天，在楊駿的扶持下，楊皇后的傻外甥即位，是為晉惠帝。楊駿又下令汝南王立即離京到豫州去赴任。汝南王心裡有一百個不願意，但也沒有辦法，只得匆匆離開京城。沒有了汝南王的京城讓楊駿感到很舒坦。現在，沒有人可以來干涉楊駿的所作所為了。所以，楊駿就隨著自己的心意，想做什麼壞事，就做什麼壞事，缺德的事都做絕了。其實，楊駿並不知道，背後已經有人把矛頭對準了自己。這個人就是皇后賈南風。

賈南風當了二十年的太子妃才得以當上皇后，她本以為傻丈夫即位以後，自己就可以有享受不盡的榮華富貴了。可是。丈夫不爭氣，國家大權都掌握在楊駿手中，而且楊駿做盡了壞事，已惹得許多大臣怨聲不斷。賈皇后頗有心計，她知道楊駿不行正道，在朝中樹敵頗多，認為若能除掉他，必會贏得許多人心，自己將來就可獨攬大權了。

賈南風又想，自己力量薄弱，需有人幫忙才行。她想到了兩個人，一是汝南王司馬亮，一是楚王司馬瑋（瑋音ㄨㄟˇ）。主意已定，她便派人去找司馬亮，但司馬亮畏懼楊駿的勢力，不敢答應。賈南風不禁恨恨地罵了他幾聲「膽小鬼」。她不敢耽擱，又派下屬去找司馬瑋商量對策。司馬瑋為人心狠手辣，年輕氣盛，賈南風不費多大勁就說服了他。兩人密謀良久，做好了充足的準備。

永平元年（二九一年），賈南風謊稱楊駿要謀反，以惠帝的名義命令東安公司馬繇（繇音ㄧㄠˊ）領兵捉拿楊駿。而司馬瑋早已秘密帶兵進入京城，他跟在司馬繇的後面，以備不時之需。

楊駿知道了這一情況，大驚失色，痛恨自己低估了這位賈皇后的能耐。他急忙召集文武百官商量解決的辦法。主簿朱振主張立即發兵包圍皇宮，捉住賈皇后。但楊駿已急得六神無主，他久久不能果斷地下命令，結果就喪失了反抗的最佳時機。其他官員本不是打心眼裡想保護楊駿，見此情況，都藉故離開，再也不肯露面。

東安公司馬繇領兵包圍了楊駿的府第，司馬瑋也率兵及時趕到，兩股兵力一聯合，把楊府的人都殺光了。可憐的是，由於楊駿的罪過，累及了一些無辜的人。而楊駿雖然躲在馬槽下，還是被兵士們發現了，落得個被亂刀砍死的下場。心地狠毒的賈皇后把楊駿黨羽都殺了，而且還沒有放過楊家的任何一個人。最後，楊太后也沒有倖免，受盡折磨，在第二年悲慘地死去了。

大權落到了賈皇后的手中。而此後，皇室裡也就再也沒有了以往的平靜。

君子懲忿窒欲

【名言】

君子以懲忿窒欲。

——《損・象傳》

【要義】

這是《象傳》對《損》卦卦象的解釋。《損》卦上體為艮，下體為兌，艮為山在上，兌為澤在下，即山下有深澤。有澤自損以增山高之義，故此卦為減損之卦，全面說明了減損的道理。它所記之事皆為減損及與減損有關的事。所引名言是說君子效法《損》卦之象應當制止憤怒的情緒，窒塞欲望。也就是說，作為君子，應當加強自我修養，制止匹夫之怒，不應因為一時感情衝動而做出讓自己追悔莫及的事來。而且應當節制過分的欲望，堅守中正之道，才有利於己，有利於人。

人生在世，往往為一些外在的事物所累。小的時候，父母和老師就教導我們做事情要認真，要有理想，有追求。在追逐理想的過程中，我們既品嘗了奮鬥過程中的幸福滋味，又不得不面對諸多物欲的誘惑。我們若努力奮鬥有了很好的結果，會帶來很多收益，自然也會滿足自身的一些欲望，而我們卻不應該為了滿足欲望而去褻瀆聖潔的理想。而且，人若想一心一意去從事自己熱愛的事業，就應學會適度地節制。《禮記．樂記》中講：「事者，民之風雨也，事不節則無功。」認為做事不按照事物的法則加以節制就不會取得功效。唐甄在《潛書．貞隱》中講「為學之道，制欲為先」，說明了節制情緒和欲望的重要性。同時，他也講了不控制情緒和欲望所帶來的後果，即「溺其身，墮其名」。

依據道德規範的要求，來抑制欲望的氾濫，也是修身養性所必需的功夫。在良好的情緒體驗過程中，人能循禮行事，注意節制，踏踏實實地做事，必然會實現自己的理想和追求，成就一番大事業。

【故事】

晏嬰，字平仲，齊國人，身居高位，地位顯赫，先後輔佐過齊靈公、齊莊公和齊景公三位國君。他熟讀古書，又親身經歷了許多事情，深知「成由勤儉敗由奢」的道理。所以，幾十年來，他一直注重克制自己的欲望，漸漸地習慣了這種儉樸的生活，品味到了其中的樂趣。他常對妻子說：「日子過得是苦了點，但能做到心安啊！心裡坦蕩蕩，苦日子也就不覺得苦了，況且咱們比老百姓的日子還過得好呢！百姓都能安於這樣的生活，注重節儉，我怎麼會不和他們一樣也這樣做呢？」

晏嬰身為高官，常常在官場周旋、走動，但他能夠不與當時有些不肖官員同流合污，一心一意、安然地過著儉樸的生活。在擔任宰相之後，他更加注重自己的修身德行，飲食起居和老百姓差不多。吃飯的時候，一頓飯不做兩種肉食吃。在他的要求下，妻子和僕人從不穿綢絹衣服。有的官員知道了這一情況，起先在背地裡常常議論他，說他是為了沽名釣譽。但看到晏嬰幾十年下來都是如此，許多人便改變了原來的看法，愈來愈敬重晏嬰了。

一次，齊景公和一些寵臣在一起喝酒。陳桓子對景公說：「請大王罰晏嬰喝酒。」「為什麼呢？」陳桓子回答：「晏嬰穿著破舊的黑衣，坐著破車、駕著老馬上朝，他把大王給他的賞賜都藏起來了，該罰！」

景公同意了。晏嬰不服，追問原因。陳桓子便說：「大王賜給你卿位，使你的身分變得高貴；賜給你金銀財寶，使你變得很富有。而你卻這樣子穿衣駕車，這不是把大王給你的賞賜都藏起來了嗎？」

晏嬰回答說：「我為大王效力，並不是為了富貴，也不是為了揚名。如果政事不稱，人民衣食不足，軍備不全，戰車不完好，這才是我的失職。假如大王給我優厚的賞賜，僅僅使我的家庭豐衣足食，坐好車，駕良馬，卻使百姓忍飢挨餓，怎能算是對大王優厚賞賜的回報呢？」

景公點點頭，轉而對陳桓子說：「應該罰你的酒！」

齊景公把齊國別都邶（音ㄆㄟˋ）殿（今山東昌邑西）邊境的六座城邑封給晏嬰，晏嬰搖搖頭，沒有接受。景公問：「富貴是人人都想得到的，你為什麼不想要呢？」

晏嬰回答：「一個人的欲望是無窮無盡的，一旦欲望滿足，離死亡也就不遠了。從前有人說：『無功受賞，不義之富，是禍根。』要是離開正道去求富貴，肯定會遭大禍的。我並不是討厭富貴，而是怕過分貪婪，反而會失去富貴。況且我已經很知足了，不需要更多的享受了。還是請大王把它們賜給別人吧！」齊景公沒有辦法，只得作罷。

又有一次，齊景公見晏嬰的房子很破舊，又離人聲鼎沸的鬧市很近，就想給他換座新的房子。問到晏嬰的意見時，晏嬰說：「祖先留下的老房子，我無德無才，住著還覺得愧對祖先呢。而且，靠近市場還可以做一點小買賣，怎能煩勞國君來建造新房子呢？」

齊景公也就不再勉強了。他忽然想到一個問題，就問晏嬰說：「你在市場上，可知道什麼東西貴，什麼東西便宜？」

晏嬰鄭重回答：「被砍了腳的人用的假肢漲價了，腳好的人穿的鞋子跌價了。」

聽到這兒，齊景公明白了晏嬰的意思，晏嬰是在暗示他現在實行的刑罰太重了。於是，齊景公下令減輕刑罰。百姓得知後都歡呼雀躍，感激景公的仁慈和晏嬰的正直廉明。於是，百姓安心生產，觸犯法令的人也變少了。

後來，齊景公又想把自己心愛的女兒嫁給晏嬰。但是，晏嬰富貴不忘糟糠之妻，婉言謝絕了。此後，他一直過著簡樸的生活，忠心耿耿地輔佐齊景公，把齊國治理得井井有條，日益強盛起來。

晏嬰身為宰相，經常出使到別的國家去。他知道使臣的風采就代表著國家的風貌，所以在出使時特別注重自我形象的維護。那時，齊國不是很強大，別的國家都看不起它。所以，有時候晏嬰進行外交活動經常受到別國人的嘲笑，而他都能從容地應付，不因別人的不公平對待而大發脾氣，顯示了他過人的自制力和超人的智慧。

晉國自從晉悼公起用了大夫趙武後，就成了中原的霸主。到了他兒子晉平公的時候，晉國就慢慢地衰落下去了。

魯昭公十一年（前五三一年），楚莊王的孫子楚靈王進攻陳國和蔡國。這兩個國家派使者向晉國求救，晉平公回絕了。這說明，晉國已經不是中原諸侯的領袖了。齊景公見此情況，決定做霸主。但他不知楚國這個國家的實力，便打算派使者到楚國去觀察一下情況。當時晏嬰任大夫，齊景公就派他去了。

楚國的國君知道了齊國要派使臣來，又知道晏嬰是個矮個子，就決定把晏嬰羞辱一番，以壯大楚國的威風，於是命人在城門旁開了一個五尺來高的小門。楚靈王下令守城的士兵等到齊國使臣到達的時候，就把城門關上，讓他們從小門進城。

晏嬰到了楚國，來到城門外，他看到城門緊閉，而城門邊上多了個小門，心裡已經明白是怎麼一回事。

他壓制住自己的怒氣，不動聲色，很有禮貌地對楚國的迎禮官說：「我是齊國的使者，要到你們楚國訪問。進狗國，才會走狗門。請您回稟您的國君，出訪貴國走狗洞怕是不合適吧？」晏嬰的一番話鏗鏘有力，使迎禮官一時啞口無言。

迎禮官自知理屈，便命人打開城門，恭恭敬敬地迎接了晏嬰一行。晏嬰見到了楚王。楚王看了他一眼，慢條斯理地說道：「齊國難道沒有人了嗎？為何派你為使臣呢？」

晏嬰不動聲色，大聲說道：「我們齊國雖然不大，可是每人只要舉起袖子，就可以遮住太陽。人人出點汗水，就等於下了一場大雨。走在大街上，比肩接踵，怎麼能說齊國沒有人了呢？但我們國家有個規定，賢者使賢王，不肖者使不肖王，晏嬰最無能，就出使到你們楚國來了。」一番話，駁得楚王啞口無言，他對晏嬰的能言善辯很是佩服。於是，賓主開始商討起政事來了。

晏嬰遇事不驚，面對羞辱善於控制自己的情緒，並採取靈活的措施予以反擊，出色地完成了出使的任務。晏嬰注重品德的修養，在當時就有了很高的聲譽。再加上他卓越的外交才能和管理國家的能力，深為後世人所敬佩。司馬遷對晏嬰有很高的評價，他說：「假如晏嬰還在，我即使為他執鞭，也是非常嚮往的。」

晏嬰的事蹟和精神也值得我們現代人去學習。中華民族勤儉節約的優良傳統應該永遠弘揚下去。

損上益下，自上下下

【名言】

損上益下，民說無疆，自上下下，其道大光。

——《益·象傳》

【要義】

這是《象傳》對《益》卦卦名所作的解釋。損上益下，《益》卦上體為巽，下體為震，減損外卦一陽增益到內卦，故此卦可理解為由《否》卦四爻和初爻互換而成，即損四爻而益初爻。故有減損上而增益其下的道理。說，喜悅。自上下下，《益》一陽爻自上而下居初。大光，盛大光明。所引名言的意思是說，減損上（一陽）而增益其下，民眾喜悅無窮。（一陽）自上而居下初，其道盛大光明。

事實上，這句話是藉爻位變換來說明統治者的治國之道。要想使國家富強，必須先讓民眾富起來。所以聖明的君王應愛民、富民，以民為本。君主若一味地搜刮百姓的財富，上樑不正下樑歪，那麼各地的貪官污吏必然會投其所好，他們搜刮所得比百姓需要交納的賦稅往往要高出許多倍。

人的貪欲是一個無底洞，永遠也不可能填滿。

反之，若君主能守節儉之道，百官就會受影響，百姓也會受益。官不擾民，民不傷財。君主依據百姓收入的多少來徵收合理的賦稅是正確的做法。這樣的情況下，民眾就感覺不到索取的沉重，國庫充盈，國家開支平衡，就會變得富強。或者減少自己的財務用度來資助百姓做好生產，使之豐衣足食。君主之下的直接管理百姓的官員也應如此。這樣一來，民眾心情歡暢，生產的積極性也會高漲，天下就會太平，出現一派歌舞昇平的景象。治國之道盛大光明，那麼國家不也會面臨光明的發展大道嗎？

【故事】

王竑（竑音ㄏㄨㄥˊ），字公度，明朝甘肅河州（今甘肅臨夏）人。他自幼聰明好學，二十歲時已成為一個有上進心、辦事果斷的人了。明英宗正統四年（一四三九年），二十六歲的王竑考中進士，七年後任戶科給事中。王竑為人正直，又體恤百姓的辛苦，希望自己能為百姓做一些好事。他常對身邊人說：「士當希汲黯、朱雲，安能居促效轅下駒耶！」汲黯、朱雲是西漢時期的地方官員，他們以敢犯顏直諫而為世人所稱道。王竑如此說，實是希望自己能像他們一樣敢於為民而直諫。

明代宗景泰二年（一四五一年）冬天，王竑受命為江淮地區的巡撫，不久又受委任兼理兩淮鹽課。在任期內，王竑得以大展才能，辛勤地處理政務。他嚴格要求自己，立志要當一名為百姓辦好事的清官。

王竑很是愛民，知道要想瞭解百姓的情況必須要深入到百姓中，便經常微服私訪，瞭解百姓疾苦。

景泰三年（一四五二年），監察御史王璿（璿音ㄇㄢˊ）前來視察河務。王璿品性極差，常常易容騷擾百姓，做了許多壞事，百姓怨聲四起，但也不敢上告。王璿又特別愛錢，看到白花花的銀子就歡喜得不得了，常藉計讓漕運糧官給他送禮。有些漕運糧官薪俸不是很多，但又不得不迎合王璿，於是就開始貪污錢財，搜刮百姓，百姓的日子就更難過了。王竑走訪百姓時，得知了這一消息，就認真搜集王璿違法的證據。緊接著，他就向皇上上疏說明了事實真相。景帝聽了王竑的陳詞，就派專人調查這一事件。結果，王璿就被派往邊關戍邊去了。這件事的處理大快民心，王竑也得到了百姓的信任和愛戴。

明孝宗弘治五年（一四九二年）正月，山東東昌（今聊城）、河南開封、淮北徐州和淮安等地天氣變得非常冷，許多莊稼都被凍死了。到了夏天的時候，陰雨綿綿，又引發了大洪水。隔年的春天又是風雨交替肆虐，災情嚴重。百姓為求生計，被迫背井離鄉。有許多人餓死在道路兩旁，無人收埋。王竑很是心急，派人向皇上稟告了受災的嚴重情況。皇上的旨意還沒有下來，王竑已等不及了，決定開倉放糧。他親自坐鎮，指揮下屬發放糧食，通知百姓前來領糧。

餓急了的百姓得知了這一消息，像是落入水中的人抓住了一根救命稻草，從四面八方蜂擁而至。不到一頓飯的工夫，糧倉裡面已沒有一粒糧食了。那些沒有分到糧食的災民看到這種情況不由得號啕大哭，一齊跪倒在王竑面前，苦苦哀求。王竑也沒有了辦法，只得用自己的俸祿買來一些米做成稀粥，總算讓飢民吃了一頓飽飯。可是，以後又該怎麼辦呢？王竑陷入深深的思索中。

王竑心裡明白，眼下只有徐州廣運倉還儲備有一部分糧食。可是，廣運倉的糧食是專供京城官民使用的，沒有皇上的旨意任何人不得擅自動用。而且，皇上每年都派宦官、戶部官員共同來管理。王竑知道，這是最後的一個辦法了！當下便穿戴整齊，帶領下屬直奔徐州廣運倉。

王竑見到了典守宦官，向他說明了災情的嚴重和賑災的危急，下令開倉放糧。典守宦官見沒有皇上的御旨，便不肯開倉。王竑很是著急，大聲地對他說：「民是國家的根本，百姓安居樂業了，國家就會安寧。現在，百姓如此窮苦，讓本官擔憂社稷的安危，所以才有如此打算。你若不聽從本官的話，如果百姓中有什麼禍患，本官就先殺了你，治你個招來禍患之罪來消解百姓的怨怒，以避免皇上的憂愁，到時本官再向皇上請罪！」

一番慷慨激昂的話說得宦官啞口無言，他既不敢私自開倉，也不敢擔什麼罪名，便不再阻擋了。

於是，王竑便命令下屬開倉放糧，解了燃眉之急。但是，廣運倉儲備的糧食也只能維持幾個月的時間，王竑不敢怠慢，馬上面見皇上。他首先向皇上說明了自己擅自做主的罪過，然後又向皇上建議，讓除死囚之外的所有犯人，交納一定量的米來贖罪的方法來籌集糧食。景帝批准了他的請求，考慮到他一心為民也就沒有治他的罪，並派人跟隨他進行賑災活動。王竑下令山東在押犯交的米歸入濟寧倉，河南在押犯交的米歸入當地的糧倉管理，南京及南北兩直隸在押犯交的米歸入徐州倉。

有了這麼多的糧食，王竑便重新忙碌起來，召集人員發放糧食。王竑又下令淮河的商船根據其大小交納不同量的米來幫助百姓，解救了一百八十五萬多飢民。據史書記載，王竑還極力規勸富豪之家慷慨解囊，共得糧食二十五萬七千三百石，白銀三千六百七十兩，再加上許多布帛，共分給了五十五萬七千四百七十九家飢民。當時有七萬四千三百九十七家缺少種子、農具、耕牛，王竑盡力去幫助解決，使五千五百九十三家恢復了以往的生計。

同時，王竑還下令給患病者發放藥材，召集百姓收埋死去的人，誰家賣了子女的就幫忙贖回來，以前離家的願意回來的人就給安家費。這一措施的施行，溫暖了許多百姓的心，解除了他們的後顧之憂，許多離家的人又回到了故鄉從事生產、重建家園。一些外地流亡的人看到王竑待百姓這麼好，也願意在他管轄的地區安家。當時，大約有一萬零六百多戶在此安家落戶。百姓們都感激王竑的恩德，得到幫助後紛紛趕來向他道謝。王竑看到百姓不再挨餓了也很高興，鼓勵他們安心生產。

與此同時，景帝還派南京戶部尚書沈翼帶三萬兩白銀到濟寧賑災。沈翼在散發了五千多兩白銀後覺得可以了，就不再發放，想把剩下的銀子送還京庫。當時災情還存在，等待救濟的百姓還很多，王竑極力勸說無效，便向皇上上疏，奏報沈翼「唯知聚斂，略無遠圖，欲將前銀取回京庫，殊負皇上保民大信」。

王竑請求仍將這部分白銀換成米以備賑災用，或者是用來收買耕牛送給缺少勞動力的窮苦百姓。景帝為他的誠心所感動，批准了他的建議，並提升他為左副都御史。

隨後的幾年裡，淮河流域經常發大水，有時發生大旱災，百姓的苦難一個連著一個。每次賑災，王竑都努力採取積極有效的措施安撫百姓。就這樣，王竑帶領百姓度過了一個又一個難關，頑強地生存著。而王竑的清名也愈傳愈遠，當地的老百姓都感念這位愛民恤民的好官。在災荒之年，王竑採取有力措施使百姓能依靠官府的幫助盡快地開始新的生活，從而沒有發生大的動亂，維護了社會穩定，有利於百姓的休養生息，有利於國家的進一步發展，顯示了其愛民的慈善之心和為政的卓越才能，值得後人學習。

君子遷善改過

【名言】

君子以見善則遷，有過則改。

——《益・象傳》

【要義】

這是《象傳》對《益》卦卦象所作的解釋。《益》卦下體為震，上體為巽，震為雷，巽為風。雷風交助，象徵增益。此卦說明了增益的道理。遷，自下而上，這裡指由不善遷至善。這句名言是說君子效法《益》卦之象應見善行則遷徙順從，有過失則改正。看到別人的善行就學習之，實踐之，有了過錯馬上改正，於修身養性大有裨益。

避錯向善是我們大家都應做到的，有過則改是在道德修養中常常會遇到的問題。改過指改正錯誤和過失。人一旦有了過錯，就應當努力改正。孔子認為能改過本身就是「善」的體現，有過而不改才是真正的「過」。他說：「過而不改，是謂過矣。」（《論語．衛靈公》）人的一生不可能不犯錯誤，但貴在能知錯就改。孔子的弟子子貢說：「君子之過也，如日月之食焉：過也，人皆見之；更也，人皆仰之。」（《論語．子張》）人不怕犯錯誤，就怕犯了錯誤不知改正，並屢屢再犯。

所以，如何看待自己的過錯，如何改正自己的過錯，也就成為人的道德修養過程中的重要內容。古人云：「人誰無過？過而能改，善莫大焉。」（《左傳．宣公二年》）不文過飾非，才是君子的品格。王通在《文中子．天地篇》中講：「子曰：過而不文，犯而不校，有功而不伐，君子人哉！」

聞過則喜，這是首要的。當別人指出了自己的過錯時，應感到高興而不是憤恨，正所謂「忠言逆耳利於行，良藥苦口利於病」。

知錯就改，這是最關鍵的。傾心聽從別人對自己過錯的批評，然後須改正。大思想家王守仁說：「夫過者，自大賢所不免，然不害其卒為大賢者，為其能改也。故不貴於無過，而貴於能改過。」（《王陽明全集》卷二十六《改過》）陸九淵也講：「學者不長進，只是好己勝。出一言，做一事，便道全是，豈有此理？古人唯貴知過則改，見善則遷。」（《陸九淵集》卷三十五《語錄下》）有過而後能改，並且能盡量避免犯錯誤，這才是最重要的。

人生就是在不斷地犯錯、知錯、改錯的過程中度過的。人非聖賢，對於紛繁的人世，不可能知曉百事，所以犯錯在所難免。但犯錯誤之後，能及時進行改正，這也需要修養的功夫。人皆有向善的本性，就讓我們遠離過錯，奔向善道吧！

【故事】

周處（？～二九七年），字子隱，西晉時期義興陽羨（今江蘇宜興南）人。父親周魴在三國時期曾任吳國鄱陽郡（今江西鄱陽）的太守。在周處很小的時候，他的父親就去世了。沒有了父親的嚴格管教，周處自由自在地長大了。沒有人來管教他，他便不知學習，也不懂學問和為人的道理，一切都很散漫。

周處快到二十歲時，身體長得異常高大，臂力過人。他非常喜歡騎馬奔跑，又常去打獵。他生性粗魯，不拘小節，大大咧咧，對一些事情不管不顧，卻又常常喜歡和別人打架。他和一些惡少往來，沾染上了惡習。一時間，他橫行鄉里，專做壞事，蠻橫無比，搞得雞犬不寧，鄉里人都害怕他，也討厭他。有人常說：「什麼時候沒了周處，這鄉里就太平了，那該多好啊！」孩子們還編了罵他的兒歌當著他的面唱給他聽。漸漸地，周處覺得臉上掛不住了。

過了一段時間，周處從街坊鄰居的眼神和言語中看出大家都很厭惡他，而且由於他的粗魯無禮，竟沒有一個人願意和他成為真正的好朋友。一天，他獨自待在空蕩蕩的家中，萌生了和鄉里人和睦相處的念頭。他想：「鄉親們都討厭我，一定是我以前放蕩不羈的行為惹怒了他們。以前年少氣盛，不懂事理，闖下了不少禍端，現在補救都來不及了。我該怎麼辦呢？」

他向窗外看去，發現春天來了，乾枯的樹枝上發出了嫩綠的新芽。他頓時看到了希望，發誓要改過自新，多做好事、善事，給鄉親留下一個與以往不同全新的好印象。想到這裡，他不禁開心地笑了。是啊，只要我多做善事，鄉親們會接受我的。他一時間覺得精神抖擻，就到院子裡鍛鍊身體去了。他相信有了好的身體，才能為鄉親們多做些好事。

過了一段時間，周處去拜訪鄉里管理公共事務德高望重的老人，只見老人家一臉愁苦。

他笑著問道：「今年風調雨順，收成又好，您老為什麼還愁眉苦臉呢？」

老人看了看他，摸了摸鬍鬚，長嘆一聲說：「現在鄉里有三大害還沒有除掉，哪有什麼快樂可言呢？」

周處笑著問：「哪三害呢？」

老人不動聲色地回答：「南山的白額猛虎，長橋下的蛟龍，還有周處你，就是鄉里的三害。」

周處聽了，很是傷心。他沒有想到鄉親們竟然把他看成是一大禍害了。他尷尬地笑了笑，思索了一陣子，斬釘截鐵地說：「如果這些是禍害，我周處定能把牠們除掉。」老人面露喜色，告訴周處說：「你如果能除掉牠們，那麼這就是鄉里值得慶賀的一件大事，而不僅僅是除掉禍害而已。」

周處回到家裡，把久已不用的弓箭找了出來，細心擦拭，又找出一把鋒利的短劍，作為武器。他預備了夠幾天吃的乾糧，待一切準備妥當以後，背上包袱，大步走出家門，就進山了。鄉親們都知道周處要去除掉鄉里的兩大禍害，但都不知曉他此去是否成功，也不知他是否真有膽量這麼做。大家都在期待著。

周處進山之後，用弓箭把猛虎射死。等到蛟龍又出來興風作浪的時候，周處就跳進水中，和蛟龍搏鬥。他死死地抱住蛟龍，用短劍猛刺牠的要害。蛟龍痛苦地在水中掙扎，有時沉下去，有時又浮上來，一直漂流了幾十里，周處一直緊緊地抓住牠，發誓要把牠殺死。經過了三天三夜，鄉里有人說周處和蛟龍都死去了。鄉親們一聽三大禍害已除掉，就都互相慶賀。

卻說周處終於把蛟龍殺死後，他認為鄉親們一定會稱讚自己是大英雄。但他精疲力竭地回來，卻看到鄉親們在慶賀三大害被除掉，這時才知道鄉親們已經對他恨之入骨了。他痛不欲生，一步也不回頭地離開了家鄉。

周處來到吳國，尋找當時著名的文學家陸機、陸雲兩兄弟。碰巧陸機不在，他拜見了陸雲，把發生在自己身上的事情告訴了他。他似乎已沒有了信心和勇氣，對陸雲說：「我想自學，可是年齡已經這麼大了，恐怕時間已來不及了，仍會一事無成，遭人恥笑。」

陸雲微微一笑，說：「《論語》上講：『朝聞道，夕死可矣。』古人知道了為人之道，就是當天晚上死去，也不會感到遺憾。你正當壯年，還有遠大的前途呢！一個人就怕不立志，只要立大志，有過就改，你還愁好的名聲不被人知曉嗎？」

聽了陸雲的話，周處又恢復了信心和勇氣。他立志要學好學問，要把自己改造成一個好人。他處處以義的標準來規範自己的言語和行為。他注意收斂自己的行為，力求做到言必信，行必果。他常克制自己的行為與欲望，以「仁」的標準要求自己。他的勤奮好學終於有了良好的結果。幾個月的時間過去了，周處和以前已判若兩人，連他周圍的人都對他的這一轉變感到欣喜不已。

周處知道了自己的進步，也感到很高興。不過他並沒有放鬆對自己的要求。他勇於向德高望重的長者學習，看到別人善的行為，就暗自記下來，回到家裡就仔細揣摩、學習。久而久之，他以前身上的毛病和壞習慣逐漸地消失了。周處已經成為知書達禮、文質彬彬、文武雙全的人才了。

周處的名聲愈來愈大，方圓百里的郡縣都知道了他的事蹟。第二年，州郡交相召請他去任職。周處認為「學而優則仕」，也不推辭，就做了吳國宮中藏書處長官的助手。孫皓皇帝在位末年，他又做了無難這個地方的總督。西晉政權建立後，他又任新平郡（今陝西邠縣）太守。他勤於政事，敢於彈劾那些違法亂紀的官吏，又非常注意和少數民族的關係。他透過安撫的政策，平息了戎狄族要和西晉作戰的念頭。從此，大家都知道了周處善待少數民族的事蹟。又過了一段時間，曾經反叛的羌族也來歸附，這在古代關西雍州之地傳為美談。

周處的鄉親知道了周處的變化，很是欣慰，又舉行了慶賀活動。周處知道後，開心地笑了。從此，他一如既往循規蹈矩地生活，關心百姓疾苦，深得百姓愛戴。

君子施祿及下

【名言】

君子以施祿及下，居德則忌。

——《夬・象傳》

【要義】

這是《象傳》對《夬（一夬音ㄍㄨㄞ）》卦卦象所作的解釋。《夬》卦上體為兌，下體為乾，兌為澤在上，乾為天在下。澤水在天上化作雲雨，傾瀉而下滋養萬物。故此卦象徵果斷之義。從爻畫上看，《夬》卦一陰在上，五陽在下，《周易》講陰陽消息，此卦預示著一陰即將消去的趨勢。於社會人生而言，象徵君子要果斷消除小人的存在。這句名言的含義是說，君子效法《夬》卦之象要施其祿於下民，貪居所得（而不施）則犯禁忌。也就是說，君子不僅要注重自身德性的培養，而且還要施愛於下民。

這裡講的是一種生活態度。如果是下民有了功勞，那麼君子應對他們的智慧、能力和貢獻予以肯定，並予以獎勵。自古以來，獎勵也分精神鼓勵和物質獎勵兩種。精神鼓勵可以使人精神得到鼓舞，讓他們具有繼續做事情的勇氣和毅力。物質獎勵也是很重要的。如果對有功勞的人予以物質獎勵，就給他們繼續立功提供了更好的物質條件和精神動力，從而會使其創立更大的功勳。

推而廣之，對君主而言，施恩於百姓也是比較明智的政治舉措。特別是在百姓生活比較困難的時期，統治者若能採取有利於百姓休養生息的政策，收效會很大。

作為一國之君，能力再大，精力再充沛，也得任用各種賢能的人去分管治理地方事務，並要及時對其政績進行審核考察，予以獎勵和賞賜。在戰場上，將帥對手下將領也應如此。當將領們浴血奮戰立下戰功後，將帥應當予以肯定和獎賞，以激勵他們的作戰士氣。若對將領的功勞視而不見，甚至據為己有，就是犯了大忌，所產生的負面效應也是不可估量的。

所以，不管是一國之君也好，地方長官也好，軍隊中的將領也好，都要以此為鑑。在古代，由於上司貪所得而不施恩於下民，造成禍患的事例太多了。在文明高度發達的今天，在管理學方面，這也是一條不可缺少的行事原則，有很重要的意義。

【故事】

秦二世元年（前二〇九年），陳勝、吳廣起義反對秦王朝暴政。時隔不久，項羽在浙江會稽也起義了。項羽，名籍，體格健壯，力大無比。他和叔父項梁殺了會稽的太守，開始反秦。

項梁派項羽去錢塘江上游的山中向一個叫桓楚的頭領那裡借兵，以求聯合兵力，共同抗秦。項羽見到了桓楚，說明了來意。桓楚不以為然，說：「你憑什麼讓我們聽從你的領導？」項羽四下一看，發現院子裡有一個鐵鼎。他用衣帶束了束腰，舉步上前，要把這鼎舉起來。桓楚告訴他這鼎有千斤重，恐怕他舉不起來。項羽毫不理會，他一運氣，握住鼎的兩隻腳，一用力，千斤重的鼎竟被他舉起來了。這令所有在場的人都瞠目結舌。桓楚和眾將士一齊向項羽拜倒，表示八千兵士願意聽其調遣。

不久，項羽領兵渡江。這時，揚州有一支義軍來歸附。等過了淮水後，沿路招收義軍，又招收了幾隊人馬，軍隊達到六、七萬，他的軍隊在當時是最強大的。

和秦軍戰鬥的時候，場面很激烈。項羽的軍隊有時會面臨許多困難。可是項羽藝高膽大，神勇無比，每次戰鬥，他都身先士卒，不顧危險，奮勇殺敵。他的士兵受其鼓舞，作戰時也都能勇往直前，奮勇爭先。於是，在強大的項羽軍隊的打擊下，秦兵步步倒退，失去了許多領地。

幾乎在同時，在江蘇沛縣，劉邦也起義了。劉邦手下的兵力不足，因而在和秦兵戰鬥時沒有得到太多土地。

秦國滅亡之後，項羽主持大會分封諸侯，自稱西楚霸王，管轄淮河流域及長江下游地區。他封劉邦為漢王，管轄漢中、四川一帶。許多諸侯對項羽的分封感到不滿。時隔不久，田榮便在山東造反，而劉邦也在漢中出兵，攻佔關中地區。第二年的時候，劉邦聯合其他諸侯的軍隊達五十多萬，一直打到項羽管轄的楚地，直逼都城彭城。

項羽平時對士兵很關心。戰爭結束後，他經常親自去看望士兵，觀察他們的傷勢。他還把自己的好酒好肉分給受傷的人吃。因而，士兵們都很愛戴他。可是，奇怪的是，項羽雖然愛惜士兵，卻對手下立有很大戰功的將領不肯進行封賞。這些將領們作戰勇敢，屢立戰功。他們立功之後，都歡欣鼓舞，希望得到霸王的獎賞。可是，項羽在得知立功的消息後，不僅不給予必要的賞賜，而且還讓將領們交出攻打下的城池和土地，由他統一管理。一次又一次，將領們失去了信心。他們心生怨恨，不願意再為項羽賣命，作戰時也不如以前勇猛了，這直接影響了軍隊的士氣和作戰的氣勢。

與項羽不同，漢王劉邦心地並不善良，他稍有不順心的時候，往往就對部下肆意辱罵。所以，不少人對劉邦又恨又怕。有的人慕名來投奔他，劉邦也愛理不睬的。可是，雖然這樣，他卻賞罰分明。當將領們攻下了城池後，劉邦就把那些城池賞給將領們，由他們自己管理。後來，他拜韓信為大將軍，同時也封手下將領英布、彭越等人為王，分給他們許多兵力任其調遣。重賞之下必有勇夫。劉邦的將士為了立功，在戰場上拚死搏殺。伴隨著戰鬥的節節勝利，許多將士得到了賞賜，鬥志更高了。

一方士氣萎靡，一方士氣高漲，戰鬥的情況可想而知。任憑項羽自身力大勇猛，又能耐得住多久？

劉邦在經歷了最初的幾次敗仗之後，減少了與楚軍的正面交鋒。他設下了計謀，讓項羽的義父兼謀士范增離開了項羽。他又派彭越攻打楚軍的後方，派韓信在河北、山東進行戰鬥，截斷楚軍的糧道。

楚軍和漢軍在滎陽（滎音ㄧㄥˊ，今河南滎陽東北）這個地方攻守了三年。楚軍雖然也常常取勝，可是糧食供應不及，軍隊一天天少了，土地也愈來愈少。

漢四年（前二〇三年），項羽和劉邦講和，劃界為治。第二年，劉邦派淮陰侯韓信及英布、彭越聯合數十萬兵馬攻打項羽，把楚軍圍困在垓（音ㄍㄞ）下（今安徽靈璧東南）。

經過幾天的拉鋸戰，身心俱疲的項羽沒有攻破漢軍的重重包圍。一天晚上，他聽到了漢軍那裡傳來了楚歌，以為漢軍已經完全佔領了楚地。當楚歌響起時，歌聲激起了許多士兵的思鄉之情。於是，一夜間，許多士兵都跑散了，只有幾千從江東跟來的士兵還願意跟從項羽。項羽的愛妾虞姬不忍拖累他，揮劍自殺。項羽看到這種情況，知道大勢已去。他把軍隊分成幾支人馬，從不同方向突圍。他自己率領百餘名騎兵向南突圍，一路上死傷慘重。等到衝到淮水時，只剩下十幾名騎兵了。

追兵漸漸近了，項羽讓手下將士解散，各自逃命而去。他獨自向長江飛馳。傍晚時，他來到烏江渡口。擺渡的老人認出了項羽，願意渡他過江。此時，項羽看到自己孤單一人的慘狀，又想起當初在江東起義時的豪情壯志和馳騁沙場、所向披靡的輝煌戰績，不禁慨嘆世事變遷之快。他仰天長嘆：「天要使我滅亡啊！天要使我滅亡啊！我又有何臉面去見江東父老？唯有以死謝罪！」說罷，拔劍自刎而死。

一代霸王項羽，馳騁沙場近十年，按其當時的兵力，應當說是可以戰勝劉邦的。雖然他失敗的原因有多種，但是他自己囤積財富和權力，不分予他人這一點，也是很重要的。在當時的情況下，把城池和土地分給手下的將領，雖然會損失一些小的利益，但換來的卻是將士的奮勇殺敵和義膽忠心，這是很必要的。安撫士兵，穩定軍心的方法很多，但這一種往往是最有效的。所以，項羽雖然心地善良，但是他不採取有效的激勵軍心的措施這一點卻是致命的，以至於落得個如此淒慘的下場，豈不讓人悲嘆？

君子險以說

【名言】

險以說，困而不失其所，「亨」，其唯君子乎！

——《困．象傳》

【要義】

這是《象傳》對《困》卦卦辭所作的解釋。《困》卦卦辭為「亨，貞，大人吉，無咎。有言不信」。《困》卦上體為兌，下體為坎。坎為水，水在澤下，水下漏而澤上枯，故有澤無水窮困之象。《困》卦說明了窮困的道理。卦辭意思是說在艱難困苦中，能夠亨通，堅持正道，有大德的大人吉祥，沒有災咎，有言相勸而人皆不信。《困》卦爻辭說明了多種情況的窮困，以示人生之坎坷。

險以說，《困》卦下體為坎，坎為險，上體為兌，兌為說。說，通「悅」，喜悅、高興。困而不失其所，從卦畫看，下體為坎，上體為兌，坎為剛，兌為柔，坎剛被兌柔所掩；從爻畫上看，《困》卦九二爻為六三爻所掩，九四爻、九五爻為上六爻所掩。故為「困」。但由於兌為說，坎又為通，所以「不失其所」，故「亨」。如《繫辭》所言：「困，窮而通。」所以，這句名言可譯為，雖然處於危險之中而樂觀喜悅，窮困而不偏離於正道，故「亨通」。這恐怕只有君子才能做到吧。

這句話告訴我們，在面臨困境時，君子應當刻苦努力，甚至應捨棄生命以實現自己的志向。正因為君子有如此大的決心和勇氣，才能成就一番大事業。

人的肉體生命是短暫的，但人的精神生命則可以達到永恆。當然，要做到這一點，有很多的可行途徑和方法。春秋時的人生「三不朽」之說是其中之良法。古人認為，要想保持人的永生，就需要實現人生價值的永遠挺立，而「立德」、「立功」與「立言」應當說是最佳途徑。其中，「立德」是首要的。「立德」就是要透過日常生活中一點一滴德性的涵養來成就崇高而偉大的光輝之德性，光照千古。其次是「立功」、「立言」。這反映了古人的一種德性優先的人文理念。

涵養德性無論何時何地都是不能放棄的。順境也罷，逆境也好，都應如此。人生不如意的事常常是十有八九，作為君子，即使身處困境也不應放棄對自身德性的修養和對遠大志向的追求，而應在窮困的境遇中磨練自己，增益德性。

在這一點上，古代思想家有過精闢的論述。《後漢書》卷五十九《張衡傳》中講：「君子不患位之不尊，而患德之不崇；不恥祿之不夥，而恥智之不博。」孟子認為：「故士窮不失義，達不離道。」（《孟子．盡心上》）《孔子家語．在厄》中講：「君子修道立德，不為窮困而改節。」孟子又認為，面臨困境，人要堅持達觀的態度。「古之人，得志，澤加於民；不得志，修身見於世。窮則獨善其身，達則兼善天下。」（《孟子．盡心上》）宋代思想家陸九淵認為，身處困境時的磨練對人自身德性的涵養更有益處。他說：「君子遇窮困，則德益進，道益通。」（《陸九淵集》卷三十四《語錄上》）

在人的一生中，拚搏精神是少不得的。身處困境，努力拚搏，奮發圖強，保持樂觀態度，不偏離正道，更加嚴格要求自己，才會取得事業的成功。

【故事】

韓信是漢初軍事家，淮陰（今江蘇淮陰）人。他小的時候，家裡很窮，父母雙亡。韓信四處遊蕩，有時連飯也沒得吃，常常餓肚子。在他家附近有個洗衣工，人稱「漂母」，她見韓信可憐，就常常用自己洗衣得來的錢給韓信買吃的。漂母還讓韓信每天都到她家去吃飯。韓信就這樣長大了。當韓信懂事的時候，一次到河邊幫漂母洗衣服時，他對漂母說：「我要每天幫您洗衣服賺錢，報答您的恩情。」

漂母聽了很是生氣，她斥責韓信說：「我給你飯吃不是為了讓你幫我洗衣服，好男兒志在四方，我希望你將來有大出息。現在你有這樣的打算，真是太讓人傷心了！」

韓信知道錯了，於是漂母就讓村裡有學問的人教他識字。小韓信很是機靈，一學就會。待他稍大的時候，就向人家借書讀，同時還練就了一身好武藝。儘管這樣，韓信到二十歲後，仍然沒有找到適合自己的工作做，整天背著一把劍在大街上遊來蕩去，街坊鄰居也都看不起他。韓信自己卻不洩氣，他知道自己有一定的才華，認為終會有人賞識他。

有一天，韓信走在街上，一個賣肉的屠夫本來就看不起他，這次就想藉機戲弄他一番。他把身子一橫，攔住韓信，當著眾人的面說：「你們看哪，這就是韓信，一個有名的膽小鬼！哈哈哈！別看你長得又高又大，又佩著劍，你如果不怕死，就用劍殺了我；如果怕死的話，就從我的褲襠底下鑽過去！」

周圍的人也笑了，都在看韓信的笑話。在當時，男子都特別講氣節，像這樣的事對韓信來說，就是奇恥大辱。血氣方剛的韓信早已動了氣，他握緊了手中的劍。但他知道此時自己一定要忍住，自己還有大志沒有實現呢，和這樣的市井小人計較是沒有用的。他仰天嘆了口氣，下定了決心，雙眼盯著屠夫看了一會兒，毅然彎下身子，鑽了過去。人群跟著起鬨，韓信站起身來，拍了拍身上的沙土，頭也不回地走了，眼裡卻噙滿了淚水。他發誓要有一番大作為，讓鄉鄰改變對他的看法。

秦末農民起義軍領袖項羽的叔父項梁起義反秦時，韓信帶著寶劍投奔了項梁，當了一名普通的小兵。項梁死後，韓信又跟著項羽做了小官。韓信很有才華，他多次向項羽獻計，但由於項羽不喜歡讀書人，也就沒有採納。韓信失望了，他明白項羽只不過是一介武夫，不會有大的前途，一氣之下就投奔了另一陣營的首領劉邦。

劉邦雖然愛才，卻也只是讓韓信管理軍糧。在這期間，韓信和蕭何接觸最多。他常和蕭何談論一些自己的想法。蕭何慧眼識才，認為韓信謀略過人，將來必能成就大事。他想向劉邦推薦韓信，卻一直沒有機會。在劉邦這裡待久了，韓信覺得自己的才華無法施展，就在一天晚上騎馬逃走，準備另行打算。蕭何得知了消息，急得不得了，連忙騎馬追趕，追了兩天兩夜才追上韓信。蕭何苦苦挽留韓信，並保證向劉邦舉薦他，韓信這才又回來了。

劉邦接受了蕭何的建議，決定拜韓信為大將軍。儀式舉行得很隆重，韓信歷盡艱辛，終於得以重用。韓信擔任大將軍後，施展自己的才華為劉邦獻計獻策，為劉邦打敗項羽，一統天下立下了汗馬功勞。後來，他榮歸故里，鄉里人都對他刮目相看。

韓信還讓當年那個羞辱自己的屠夫當了官，以德報怨，一時傳為美談。韓信在艱難困苦中，正是由於他能夠堅定自己的志向，努力拚搏，才有後來那樣的功業和地位。

君子致命遂志

【名言】

君子以致命遂志。

——《困·象傳》

【要義】

這是《象傳》對《困》卦卦象所作的解釋。致，猶援。遂，行。此卦說明了窮困的道理。所引名言意為君子效法《困》卦之象應當捨棄生命，實現志向。

人在做事情的時候很有可能碰到困境。面對困境，不同的人會做出不同的選擇。有的人會埋頭努力，嘗試新的方法、出路；有的人會等待觀望，希望好運會降臨到自己身上；有的人會選擇放棄，停步不前；有的人也會為了實現自己的志向而捨棄自己的生命。

誠然，人的生命是寶貴的，我們應當珍惜生命。但當面臨困境時，如果捨棄生命有利於自己志向的實現，能給別人啟迪和震撼，那麼這種選擇也是有價值、有意義的。這樣的人也會得到人們的尊重，人們會永遠記住他們。

【故事】

譚嗣同是清末著名文人，「百日維新」的堅強鬥士。在維新運動失敗後，譚嗣同為了實現自己的志向，毫不畏懼地獻出了自己年輕的生命。

十九世紀末，中國社會危機四伏，困難重重。為了救亡圖存，譚嗣同和康有為、梁啟超等志同道合的人一同撰寫文章，創辦報刊，介紹西方的知識以開民智，求自強，宣傳變法革新、救亡圖存的思想，為維新變法做好了理論準備工作。

一八九八年，光緒帝頂著慈禧太后的壓力，頒佈了明定國是詔書，維新變法開始了。光緒帝下旨各省推薦派往國外擔任外交職務的人才。在侍讀學士徐致靖的說明下，譚嗣同和康有為、黃遵憲、張元濟、梁啟超等五人得以破格提拔，參與新政。不久，光緒帝又任命譚嗣同、楊銳、林旭、劉光第為四品軍機章京上行走（「章京」為清代軍機處屬員的滿洲名稱。「行走」也是清朝的特有稱呼。凡進入皇宮、皇帝書房、軍機處、總理衙門等處，叫「行走」。官銜上再加「參與新政」四個字，則職位近似宰相），共同商討變法事宜。

慈禧太后一直反對變法。光緒帝為了推行新法，將阻礙變法的懷塔布等六個尚書革了職。慈禧太后知道後，更是震驚，便與直隸總督榮祿密謀，準備利用天津閱兵的機會，廢黜光緒帝，推翻一切新政。光緒帝得知消息，寢食難安。他聽從了康有為的建議，在七月十六日賜給袁世凱侍郎的官銜，下旨由袁世凱負責練兵事宜。接著，又連下兩道密詔，讓康有為離京外逃，譚嗣同等「速法籌救」。譚嗣同接到密旨，大驚失色，便於一八九八年九月十八日深夜密訪袁世凱。

見到袁世凱，譚嗣同便問：「將軍認為當今皇上是怎樣的一個人？」

袁世凱回答說：「皇上乃聖明之君。」

譚嗣同說道：「蒙皇上聖恩，將軍得以榮升侍郎，現在皇上有難，唯有將軍才能相救。」

袁世凱老奸巨猾，他知道現在大權還是掌握在慈禧太后手中。他表面上稱「維新」，實際上是為了謀求官職，對於光緒帝的死活，他是不想管的。但表面上，他又得做做樣子，以免引起譚嗣同的懷疑。於是，他假裝真誠地說：「不知皇上怎麼了？」

譚嗣同便說：「直隸總督榮祿最近向太后獻計，準備利用天津閱兵之機廢黜皇上。現在能救皇上的，只有將軍您一個人了。如果將軍不願意救，就可以到頤和園向太后告發我，殺了我，將軍馬上就可得到富貴。」

譚嗣同慷慨激昂，已把生死置之度外。袁世凱在得知了譚嗣同與康有為等人密商的計畫後，決定向慈禧太后告密。但為了應付譚嗣同，就說了一些矢志救君的話，讓譚嗣同放心地離去。

九月二十日，光緒帝召見了袁世凱，對他慰勉了一番。當天下午，袁世凱趕去天津向榮祿告密，得以讓榮祿有時間向慈禧太后告發。第二天清晨，慈禧太后帶兵來到故宮，將光緒帝幽禁於中南海瀛台，然後假藉光緒帝的名義發佈詔書籲請西太后再次「臨朝聽政」，終止變法活動，下令追捕維新志士。歷時一百零三天的革新和變法就這樣失敗了。

政變發生時，康有為遵照光緒帝的旨意離京外逃。譚嗣同得知清政府正查抄康有為住過的南海會館，便從瀏陽會館趕去梁啟超避難的日本會館，告知梁啟超火速逃往日本，以圖將來的事業。他含淚說道：「不有行者，無以圖將來；不有死者，無以酬聖主。今南海之生死未卜，程嬰杵臼，吾與足下分任之。」說完，就與梁啟超分別了。

譚嗣同營救皇上心切，便決定聯合自己的好友「大刀」王五採取行動，但最終失敗了。王五勸譚嗣同趕快逃走，自己可以保護著他，但被譚嗣同謝絕了。譚嗣同把隨身寶劍贈予王五，讓他好生保重。日本使館的幾位日本朋友竭力勸說譚嗣同到日本暫避一時，譚嗣同笑著說：「各國變法，沒有不流血而能夠成功的。今天的中國還沒有人為變法流過血，所以，國家不能強盛起來。現在就從我譚嗣同開始吧！」日本朋友聽了，很是佩服。

九月二十五日，譚嗣同在瀏陽會館被捕。譚嗣同被捕入獄後，神態從容。他在獄中寫的一首詩已名揚天下：

望門投宿思張儉，忍死須臾待杜根。

我自橫刀向天笑，去留肝膽兩昆侖。

在獄中，他又寫了兩篇〈絕命書〉，是留給康有為、梁啟超的最後文章。對於康有為，他說道：「天若未絕中國，先生必不死。嗚呼！其無使死者徒死而生者徒生也。嗣同為其易，先生為其難。魂當為厲，以助殺賊。裂襟齧血，言盡於斯。」他給梁啟超寫道：「強鄰分割，即在目前，嗣同不恨先眾人而死，而恨後嗣同而死者之虛生也。齧血書此，告我中國臣民，同興義憤，翦除國賊，保全我皇上。嗣同生不能報國，死而為厲鬼，為海內義師之助。」他期望透過自己的熱血，喚起民族的覺醒。

一八九八年九月二十八日下午四時，譚嗣同與楊銳、林旭、劉光第、康廣仁、楊深秀等六人被押赴北京菜市口刑場斬首。

臨刑前，譚嗣同神色自若，很是坦然。他高聲對監斬的軍機大臣剛毅喊道：「我有一句話要對你說！」但剛毅並沒有理睬他。譚嗣同看著劊子手手中明晃晃的大刀，甩了甩辮子，滿懷激憤地喊道：「有心殺賊，無力回天，死得其所，快哉快哉！」然後，從容就義。就這樣，為了實現自己始終不渝的志向，譚嗣同獻出了自己年僅三十三歲的生命。他的犧牲精神深深影響了後一代人，激起了一批又一批人自願投身於救亡圖存的革命運動中。

君子勞民勸相

【名言】

君子以勞民勸相。

——《井·象傳》

【要義】

這是《象傳》對《井》卦卦象所作的解釋。《井》卦上體為坎，下體為巽，坎為水，巽為木，以木承水而上，有井之義。有人認為古代的井底多有四方形木框，故木上有水為井；也有人認為古代汲水所用木桶，用木桶汲水就是「木上有水」，有井之義。此卦說明了對井的管理和運用，以及在不同的條件下所帶來的後果，告訴人們在反覆使用井時，要對其進行不斷地修整，否則會有凶險。

由於井水有定居不移、不盈不竭的特點，所以古代多以井水養人比喻君子修養德性，惠物育人而無窮。相，意為助。因此，所引名言意思是說，君子效法《井》卦卦象應使民勞作而又勸勉輔助。要努力以己之德惠養人民，同時合理地勸勉老百姓互助互養。也就是說，既要注重個人德性的修養，又能施惠於人。

民是一國之本。一個國家的建立與發展，不是一個或幾個領袖的力量所能達到和駕馭的，歸根結底是民眾的作用。民眾做著最苦的事，卻創造出了最輝煌的物質財富，供給整個社會吃、穿、住、用、行等方面的消費。民眾在長期的生產勞作中，累積了豐富的生產經驗，改進了生產工具和生產技術，推動了生產力、生產方式以至整個社會的發展。在創造了大量的物質財富的同時，民眾也創造了輝煌的精神財富。

民眾的活動是社會精神財富產生的源頭。如《三國演義》、《水滸》等古典著作就是在民間傳說的基礎上形成的。而且，在改朝換代的戰爭中，民眾是主力軍。縱然將帥擁有多麼高妙的指揮經驗，若沒有民眾，他也只能是「紙上談兵」。國家富強要靠民眾，而在戰爭的過程中遭受巨大的痛苦與災難的也是民眾。作為天下「唯我獨尊」的帝王和身居高位的將相，有何理由不來愛民，使有其所養，有所依靠呢？

為政者應涵養自身的德性，並使其得以彰顯。《尚書．大禹謨》講：「德唯善政，政在養民。」即認為為政者的德性表現在推行善政的方面，而推行善政就在於養民。《論語．雍也》中記載：「子貢曰：『如有博施於民而能濟眾，何如？可謂仁乎？』子曰：『何事於仁！必也聖乎！堯舜其猶病諸！』」在這裡，孔子認為濟眾愛民就不僅僅是在推行仁道了，它是更高的層次，連堯舜都幾乎難以做到。劉向在《說苑．君道》中講「存心於天下，加志與窮民，痛萬姓之罹罪，憂眾生之不遂也」，也提倡君子在竭力治理好國家的過程中，應花費氣力，用心於窮苦的百姓。程氏云：「為政之道，以順民心為本，以厚民生為本，以安而不擾為本。」（《二程集．河南程氏文集》卷五）它也向我們揭示了「為政愛民」的道理。

因此，當政者應利民之所利，方能駕馭好整個國家。正如孟子所言：「人皆有不忍人之心。先王有不忍人之心，斯有不忍人之政矣。以不忍人之心，行不忍人之政，治天下可運之掌上。」（《孟子．公孫丑上》）所以，當政者只要以一顆仁愛之心來對待萬民，並推而廣之，天下就可以安定了，何樂而不為呢？

【故事】

劉基（一三一一～一三七五年），字伯溫，浙江青田人，是明朝初年的大政治家。他協助朱元璋一統天下。大明朝建立後，協助朱元璋制定典章制度，官至御史中丞。

劉伯溫雖然官居高位，但卻經常關心百姓疾苦。他待人很好，不擺官架子，也經常穿便裝進行私訪，體察民情。

一次，他微服私訪來到江南一帶，便想回到故鄉青田去看一看。走到一個名叫陳山埠的地方。這時已經是中午了，他肚子餓了，想隨便找點吃的充飢。山下有戶人家正在吃午飯，一家人手裡都拿著幾塊黃色的餅，吃得津津有味。其中兩個孩子還在爭搶碗裡僅剩的那一塊。劉伯溫向老人家要了一小塊餅。他咬了一口，覺得又澀又苦，難以下嚥。他問老人：「老人家，這是什麼做成的餅啊？」

老人回答說：「這是米糠摻了玉米做成的。這個年頭能吃上這個，已經不錯了。有時候，什麼也吃不到。」

劉伯溫聽了，心中一痛。他深深嘆了一口氣，不忍心吃那塊餅，把餅給了兩眼正貪婪地望著餅的那個孩子。

劉伯溫來到錦水這個地方，他看到許多農民都在高山上開墾田地，汗流浹背地幹著活。農民告訴他說，這一帶已經沒有平原可以讓他們種田了，他們只好上山開墾梯田。看到這種情形，令劉伯溫大為感嘆：這裡的百姓過得太苦了。

來到當年南宋洪妃的故鄉，劉伯溫看見一群衣衫破爛的姑娘在採摘苦菜，數量不多的苦菜被零散地扔進籃子裡。劉伯溫問其中的一位姑娘：「妳們摘苦菜做什麼用？做菜嗎？」

姑娘答道：「苦菜可以當飯吃啊！一天能吃上三頓苦菜就不錯了，還有不少人正在餓肚子呢！」

劉伯溫看到百姓生活如此淒苦，不禁愁從心頭起。該怎樣才能幫助他們呢？一邊走一邊想，他費力爬上了水南嶺。剛找到個乾淨的地方，就見幾名衙役押著一個面容愁苦的農民走過去。他感到好奇，就問旁邊的一個人說：「這個人犯了什麼罪？」

那人嘆了口氣說：「這裡連年乾旱，幾乎沒有什麼收成。而縣太爺又要老百姓交稅，誰要交不出，就得被抓去坐上幾個月的牢。」

劉伯溫聽了，就再也坐不住了。大明王朝雖然統一了天下，可是天下百姓由於連年戰亂、災荒，日子卻過得這麼苦，幫助他們已是刻不容緩的一件大事。於是，他馬上跑到當地的村子裡，找了戶人家暫且安身，準備寫奏章，向皇上報告實情。他整整寫了一夜。天亮了，公雞開始了第一聲鳴叫，東方出現了一絲曙光。劉伯溫舒展了一下筋骨，想到剛想好的主意，微微鬆了一口氣。

一切打點妥當，他火速趕回京城。回到京城後，劉伯溫五更時分便提早上朝了。大殿裡靜悄悄地，他把奏章展開，放在皇上的御案中央。不一會兒的工夫，朱元璋來到殿上，早朝開始了。他低頭發現了案上的奏章，好奇地讀了起來：「青田，青田，迭石成田；山無糧，水無糧，稅糧減半再減半。」

劉伯溫把這一段放在奏章的開頭，別有用心。當朱元璋說出「稅糧減半再減半」時，劉伯溫抓住時機，跨步向前，面對眾位大臣，大聲說道：「萬歲降旨，青田地方稅糧減半再減半！」他又跪下，拱手謝恩：「謝主隆恩，願大明江山像松柏一樣長青。」眾臣見狀，也高聲齊呼：「萬歲聖明！」

朱元璋這才知道上了劉伯溫的當，他又好氣又好笑。但天子「金口玉言」，豈能兒戲，於是下令減掉青田地區的稅糧。

消息傳來，青田百姓歡欣鼓舞。當他們得知是劉伯溫為他們爭取的減稅後，一同朝京城方向拜了三拜，對劉伯溫感激不盡。

劉伯溫一心為民，幫助窮苦老百姓的事蹟還很多呢。明朝初年，劉伯溫奉旨回鄉省親。路過武義（今浙江金華南部）這個地方的時候，看到田地荒蕪，百姓沒有能力耕田，飽受飢餓之苦。而當地的富戶依然住著富麗堂皇的大房子，過著錦衣玉食的生活。真可謂「朱門酒肉臭，路有凍死骨」！

他感到既氣憤又傷心。走到黃金塔時，發現有一塊光禿禿的大石頭，就在上面寫了幾行字：「上至竹門坑，下至夏門埂，誰能找到黃金處，能買浙江半個省。」還署上自己的大名「國師劉基」。

沒多久，方圓幾十里的人都知道了國師劉伯溫題字的事。有一財主見了題字後，貪財心切，自以為是，花錢招募民工從竹門坑一直到夏門埂，把田野挖了個遍，幾個月過去了卻一無所獲。而這時耕種的時節到來了，一些農民就在已翻過土的地裡撒上些種子。秋天的時候，有了不錯的收成。

第二年，財主照舊雇人去翻地找金子，而農民們也依然在被挖過的地裡種上糧食吃，再也不用餓肚子了。而財主耗費了大量錢財，連一點金子的影子也沒見到。

幾年後，劉伯溫又路過武義時，發現這裡的百姓過著衣食不愁的日子，心裡格外高興。這一次他又在石頭上寫了一首詩：「黃金不負淘金人，一寸土地一寸金。貪心財主貪不足，枉費心思笑死人。」這下子，財主知道上當了，有苦說不出，病倒了。而老百姓都一齊來向劉伯溫道謝。武義的百姓經過自己的辛勤勞動，日子一天天地好起來。

劉伯溫一生勤於政事，貼近百姓生活，愛民養民，一心為老百姓謀福祉，因而民間關於他的事蹟的傳說很多，且流傳久遠，為明朝以後的官員樹立了榜樣，對後世亦產生了很大的影響。

湯武革命

【名言】

天地革而四時成，湯武革命，順乎天而應乎人。

——《革・彖傳》

【要義】

這是《彖傳》對《革》卦卦辭所作的解釋。《革》卦上體為兌，下體為離。兌為澤，離為火。澤水在上而潤下，離火在下而燃上，水火相交，必然有變。故《革》卦有變革之意，其爻辭說明了古代變革的具體情形。

《革》卦卦辭為「巳日乃孚。元亨，利貞，悔亡」，意思是說「到巳日才有誠心，開始即亨通，宜於守正，悔事消亡」。「巳」即「己」，是天干中的第六干。由於「己日」在天干十日中處於下半時期，意味著變革時刻的真正到來。爻辭說明了改革的不同階段以及在各個不同階段人們所應持有的正確態度，如初九爻說明改革之初，舊勢力力量強大，新生力量比較弱小，進行改革步履維艱。六二爻說明改革的最佳時機已經到來，革命形勢大好。九三爻說明改革的步子要穩，穩中有進，直到九四爻說明成功。九五爻、上六爻說明了大人、君子、小人對待改革的態度。

這句名言可理解為天地之氣變化而四時形成，商湯、武王改姓受天命，對上承順天時，對下回應人心。

《革》卦所反映的變革思想意義重大，影響深遠。在流變不息的宇宙下，現實社會人生也處於不斷地變化過程中。滾滾紅塵中，人都有平穩的生活方式，而人面對的生活有時又是變動不居的。推而延之，一個國家，一個時代都有存在的時間和空間，但隨著時間的發展，若它不能適應時間的要求而進行變革，仍然保留著自身無法克服、無法消除的制約進步的因素的話，就必然會被歷史淘汰。正所謂「沉舟側畔千帆過，病樹前頭萬木春」。透過變革，不僅有助於自身力量的發展與增強，更有利於推動整個社會、整個宇宙向著一種和諧的狀態發展，從而更利於人類自身文明的發展與進步。變革的意義正在於此。

古往今來，人自身為了追求發展，進行了無數次的變革。小到一個人，大到一個地區、一個國家，變革的蹤跡遍佈很廣，變革的意義也得以彰顯，光耀史冊。在變革中，人大膽拋棄了舊的、過時的制約人自身發展的各種因素，迎接和吸收了新的因子和新鮮的血液，從而使自身合乎歷史發展的前進方向，增強了自身的生命力。

進行變革的手段是多樣的，既可有平緩的改革和創新，又可有激進的革命。變革應順天應人，要順應歷史發展的規律，回應世事民心。而湯武革命就是其中成功的範例。變革需循時而行，在變革的不同階段也應採取相應的措施，保持正確的態度，細心做好變革過程中的每一步工作，確保萬無一失，以求取得預期的最好結果。

【故事】

夏桀是夏朝的最後一位國君。他雖身強力壯，精力充沛，但卻不把心思放在治國上，只是一味地肆意享樂。為了住得舒服，他下令建造一座華麗的宮殿，取名瑤台。工匠們用了幾年時間才建成。瑤台是用漢白玉做成的，加上能工巧匠的精雕細琢，真是富麗堂皇。

他讓人在宮裡挖了一個池子，裡面裝滿了酒，乘坐小船在裡面航行也能暢通無阻。他下令只要敲一下鼓，手下的三千人就得立刻趴在地上，像牛喝水一樣在酒池裡喝酒。有些人醉了就「咕咚」一聲，一頭栽在酒池裡淹死了。夏桀和寵妃妹喜見了，只是一笑了之，並不放在心上。

寵妃妹喜喜歡聽撕絹帛的聲音，夏桀就命人把存放的各種精美的絹帛抱來，一匹一匹地撕給她聽，以求討取妺喜的歡心。

大臣關龍逢是一位賢臣，他見夏桀愈來愈荒淫，知道再這樣下去後果不堪設想，於是就直言進諫。因為建造酒池的事，關龍逢又向夏桀直諫，惹惱了夏桀，夏桀就把他殺了。

夏桀不願聽忠言，卻喜歡聽寵臣于莘的意見。于莘是個奸臣，他常給夏桀出壞主意。而夏桀也不顧百姓的死活，恣意作樂。他甚至把宮裡養的老虎放到人口密集的市場上去，百姓嚇得四處逃竄，夏桀卻樂得放聲狂笑。

這樣一來，真正受傷害的是百姓。夏桀自稱天父，又以太陽自居。於是，憤怒的百姓常常罵道：「你這個太陽，什麼時候滅亡啊？我們甘願與你一同滅亡！」

和夏桀的荒淫無道相比，商國的國君成湯是個賢明之君。他曾被夏桀懷疑有造反之心而囚禁在夏台（今河南禹縣南）。後來，他的臣子送給夏桀許多財寶，成湯才得以被釋放。

他是一個心地善良的人。有一次他到郊外去打獵，看見有一個人正在那裡張網捕鳥。那人一邊等候，一邊口中念念有詞地說道：「從天上落下來的，從地裡鑽出來的，從四面八方來的，都掉進我的網裡來吧！」成湯聽了，立刻說道：「哎呀，這可不行啊，這麼一來飛鳥都會給你捕光了。除了夏桀，誰還會這麼做呢？」

於是，他讓那人把張好的網解去三面，只留一面。

人們知道了這件事，紛紛說道：「湯王是賢君啊，他的仁德都推及到了禽獸的身上了。」

漢水以南的四十多個小國得知了這些情況，都來歸順成湯，成湯的軍事力量增強了。

成湯不僅以德治國，還注重以禮治國。

當時，有一個葛部落是夏桀的屬地，它的首領葛伯不講禮儀，不去祭祀祖先和神靈。成湯知道後，馬上派人送去牛羊。但葛伯仍然不祭祀。於是，成湯又派人去詢問原因。葛伯便以缺少糧食作為藉口。成湯聽了下屬的稟報，便派了一些青壯年去葛部落幫忙耕種土地。他還下令讓老人和小孩按時到田裡去送飯。可是，生性殘暴的葛伯不僅派人搶劫了飯菜，還殺了許多送飯的人。成湯忍無可忍，發兵滅了葛部落。成湯的這一舉動深得民心，滅葛後，又有許多部落表示願意聽從成湯的調遣。

夏桀繼續胡作非為，百姓依然怨聲載道。當時還有三個諸侯：韋、顧和昆吾，是夏桀的同盟。成湯決定先攻下他們，再直逼都城。在成湯的指揮下，軍隊沒費多少力氣就把三個諸侯都消滅了，而那裡的百姓也願意歸順成湯。這時，成湯知道滅商的時機已到，準備替天行道，討伐夏桀。

夏桀這才慌了神，他下令讓手下不多的兵將去抵抗成湯的進攻。但堅持沒多久，都城就被攻陷了。夏桀急忙帶著幾名寵妃，趁亂逃出京城，直向鳴條（今山西安邑）奔去。成湯挑選了最好的七十輛戰車，帶著六千名英勇的戰士，乘勝追擊。在鳴條，兩軍交戰，夏軍人心渙散，不久便四處潰逃。夏桀急紅了眼，帶領幾個人，乘上小船逃到南巢（今安徽巢縣）。

到了南巢以後，夏桀過著三餐不繼的日子，不久就鬱悶而死。臨死的時候，他恨恨地對人說：「我真後悔當初沒把成湯殺死在夏台！」

滅了夏以後，成湯登上了王位，建立了商王朝。

動靜不失其時

【名言】

時止則止，時行則行，動靜不失其時，其道光明。

——《艮·彖傳》

【要義】

這是《彖傳》對《艮》卦卦辭所作的詮釋。《艮》卦卦辭為「艮其背，不獲其身，行其庭，不見其人。無咎」。《艮》卦上體下體皆為艮，艮為山，山靜止不動，故《艮》卦有止之義。《艮》卦透過說明有關止的具體事情，來說明止的道理，止可理解為不動。《艮》卦卦辭可譯為：止其背，身體就不亂動。在庭院中行走，都見不到人，無咎。爻辭從初爻到上爻以人身自下而上，從腳趾到面頰各個部位不動說明由此而產生的吉凶。故所引名言可理解為應該止的時候停止，應該行動的時候行動，行動與停止不失時機，這樣其道才能光明通暢。

《周易》一書蘊含豐富的哲理，從本質上說是一種「時」的哲學。在《周易》看來，天地之間固有不易之常理常道，但一切具體事物卻處於不斷地運動變化中。宇宙是生生不息的宇宙，社會人生是變化日新的社會人生，天地間的一切具體事物都是一種當下性的存在，處於不斷地運動變化中。宇宙和人生無不蘊含著未來發展變化的可能性。在宇宙大化流行中，作為主體的人如何調整自己，對境遇做出適當的回應，以提高人生品質，正是《周易》「時」的哲學關注的核心。

《周易》透過對宇宙和人生整體上的考察，總結出宇宙萬物變化的情境理論，並透過象數表現出來。六十四卦的每一卦符示著某事物在特定背景中產生、發展、變化的狀況及未來流變的趨勢。爻象，即卦中各爻所象徵的某事物的狀態表示，從初始到窮極，各不相同。六十四卦即為六十四種特定的境遇。如《乾》卦象徵「天」，其特點是剛強不息；《坤》卦象徵「地」，其特點是柔順至息。《乾》上《坤》下構成一個具有特定結構的宇宙整體，萬物在其間存在和變化。這是宇宙人生最大的「時」。

不同的「時」是個體不能自由選擇的，所以個體在現實社會人生中要積極地回應之。要積極、適當地回應當下的時與遇，就需要人真正做到「時止則止，時行則行，動靜不失其時」，這樣才會達到「其道光明」的目的。這告訴我們應因時而制宜，要因應所在的時遇的具體情狀、具體情勢和時機而做出相應的舉措。當時遇要求人應有所止時，人就應當處於「靜」的狀態，積蓄力量，以待時機。當時遇要求人應有所動時，人就應當不失時機地做出積極的回應，涵養道德，變化氣質。也就是說，面對變化無常的現實社會人生，作為個體的人應通權達變，抓住時機，加快發展。

【故事】

孔子名丘，字仲尼，魯國人，是春秋時期的大思想家、大教育家，儒家學派的創始人。

孔子三歲喪父，十七歲時母親也去世了，年輕的孔子獨自一人開始了人生旅程。孔子小時候，母親便給他一些禮樂之器玩，使孔子從小便接受禮樂文化的薰陶。孔子對禮樂很感興趣，十幾歲時，已成為知書達禮的人。母親去世時，孔子把母親與父親叔梁紇（音ㄏㄜˊ）合葬在防山。當魯國掌握政權的貴族季氏舉行饗禮設宴招待士人的時候，孔子興沖沖地去了，但卻被季氏的家臣陽虎攔住了。他對孔子說：「季氏宴請士人，不敢請先生您來。」孔子轉身回來了，他知道自己所處的社會地位低下，但卻並不灰心，他努力學習禮樂文化，使自己充實起來。

孔子生性聰慧，學習也很勤奮，善於鑽研。他跟音樂家師襄學習彈琴，一支曲子已經彈得很熟練了後，師襄讓他學習新的曲子。孔子認為自己揣摩得還不夠，又連續彈奏了幾遍。最後，孔子終於悟出了曲子的深意。

時光飛逝，如白駒過隙，轉眼間，孔子已三十歲了。三十歲的孔子飽讀詩書，他看到由於學校被官府壟斷，平民的孩子沒法接受教育時，便決心授眾講學。由於孔子好學，學識淵博，在當時已小有名氣，所以有不少人願意跟孔子學習。魯國的上卿孟僖子死後，他的兒子仲孫何忌和南宮敬叔便奉父親之命拜孔子為師。孔子愉快地答應了。

孔子深深地感到，學海無涯，自己應當外出學習、交流。他決心已定，便帶著弟子南宮敬叔去拜訪大思想家老子，老子告訴了他許多至理名言，讓他受益匪淺。

離開了老子，孔子覺得自己研讀詩書這麼多年，或許應該是到了為國效力的時候了。他帶領弟子來到齊國，找到齊國的大夫高昭子，希望能由他引薦見到齊景公。

孔子第二次拜見齊景公時，景公詢問孔子為政之道。

孔子回答道：「君君、臣臣、父父、子子。」

景公聽了，說道：「是啊，如果我國君不像君，臣不像臣，父親沒有盡到父親的責任，兒子沒有兒子的樣子，即使有小米，寡人能平安地吃上嗎？」

又一天，景公又問孔子為政的原則。

孔子回答說：「為政之道，重在節財。」聽了孔子的話，景公很高興，想把尼谿之地封給孔子，就問丞相晏嬰的意見。晏嬰表示反對，他認為孔子重禮，若孔子想透過這些繁文縟節來改革齊國的禮俗並不是好的方法。景公一向都聽晏嬰的，便打消了這個念頭。此後，他只是很客氣地招待孔子，不再詢問有關禮的事情了。

有一天，景公對孔子說：「寡人不能像魯君對待季孫氏那樣待你為上卿。」此後，景公就以介於魯君對待季孫氏和孟孫氏之間的待遇來對待孔子。這一天，孔子得到了消息，他聽說齊國的大夫要加害自己。孔子很不安，將此事稟告景公。景公卻說：「寡人老了，不能用你了。」

孔子何等聰明，他知道景公已無意留他。他一回來就告訴弟子們：「收拾好行李，我們馬上回國。」弟子問明了情況，也

同意回去。這時，曾子說：「夫子，米已淘好，咱們吃了午飯再走吧。」

「不！」孔子堅持要馬上走，他說：「提著淘好的米，馬上離開！」

回到魯國，孔子依然一心教學。弟子們很欽佩他的博學。孔子說：「我也不是一生下來就知道學問的，而是喜歡古代文化，勤奮苦學才有今天的成績。」是的，孔子的一生一刻也沒有停止對學問的追求。他常教導弟子「三人行，必有我師焉」，自己也經常虛心向別人學習。

孔子知道雖然自己一心要為政，但一直沒有很好的機會，這是由天時決定的。自己不能怨天尤人，應孜孜不倦地學習，然後再尋找機會。

孔子也確實這麼做了。昭公死後，他的弟弟公子宋即位，即魯定公。由於魯國自大夫以下都不依禮行事，偏離正道，所以孔子不願出來做官，而是在家裡認真修訂《詩》、《書》、《禮》、《樂》，他門下的弟子也愈來愈多。

定公八年（前五〇二年），季氏的家臣陽虎叛亂後，季氏覺得應有一位有力的助手來輔助自己，他選中了孔子，並向定公推薦。魯定公便任命孔子為中都宰。定公看到孔子治理中都邑很有建樹，便提拔孔子為司空，後來又由司空升為大司寇。孔子任大司寇以來，依舊以禮的原則來為人處事，並制定各項禮儀制度來約束人們的行為。時間一長，成效很好。孔子一心想要輔助定公將魯國治理好，恢復魯君的權威，但是卻遭到了三桓（春秋時期掌握魯國政權的三家貴族，即孟孫氏、叔孫氏、季孫氏）的反對，他們設下計策來讓定公疏遠孔子。孔子見定公懈怠朝政，並且輕慢自己，便離開了魯國。

自此，孔子周遊列國，先後遊歷了衛、宋、曹、鄭、陳、蔡、楚等七個國家。許多國家雖然很欣賞孔子的主張，但是都沒有重用他。十四年後，他又回到了魯國。此時，魯哀公在位，但他也不重用孔子。於是，孔子打消了出仕的念頭，全心地投入到文獻整理、教書育人的工作中。晚年，孔子的弟子達數千人，其中最著名的有七十二人。魯哀公十六年（前四七九年）四月，七十三歲的孔子與世長辭。

孔子一生為恢復周禮、踐行周禮而孜孜以求之，孔子的一生是偉大的一生，是奮鬥的一生，孔子對於中國文化的傳承功不可沒。

在後世，孔子被稱為「至聖」、「萬世師表」，足以體現其人格的偉大和德性的崇高。而孔子因時而行，因時而選擇出仕或是教學的做法足以體現了他高明的智慧。對此，孟子說：「孔子，聖之時者也。」雖然他的思想和主張在當時不被採納，但他的思想卻在後世綻放出耀眼的光芒，直到今天，我們仍身受其益。我們應像景仰光明一樣景仰孔子，景仰他的偉大思想。

君子居賢德善俗

【名言】

君子以居賢德善俗。

——《漸・象傳》

【要義】

這是《象傳》對《漸》卦卦象所作的解釋。《漸》卦上體為巽，下體為艮，巽為木在上，艮為山在下。木生於山上，逐漸長大，所以《漸》卦有循序漸進之意。這句名言的意思是說，君子效法《漸》卦卦象應當聚積賢德，改善風俗。

我們都知道道品德的修養和保持、社會風俗的形成和發展非一朝一夕所能完成的，同樣得經歷一個循序漸進、日益累積的過程。特別是道德品質的培養，更需要一番工夫，於日日、月月、年年中不斷地涵養自身，才能成就君子的品格。

社會風氣的好壞關係到國家的治亂和興衰。所以，古代思想家尤為重視保持良好的風俗。《禮記．學記》中講的「化民易俗，近者悅服，而遠者懷之，此大學之道也」，揭示了端正風俗的意義。蘇東坡也提出了風俗本身的重要性，他說：「人之壽夭在元氣，國之長短在風俗。」（《蘇東坡全集．續集》卷十一〈上神宗皇帝書〉）《資治通鑑》卷六十八《漢紀六十》中講：「風俗，天下之大事也。」王安石力陳「正風俗」的重要性，他認為：「安利之要不在於它，在乎正風俗而已。故風俗之變，遷染民志，關之盛衰，不可不慎也。」（《王文公文集》卷三十二〈風俗〉）

那麼應如何來「正風俗」呢？古人也就此問題做出了精彩的回答。《管子．權修》篇講「教訓成俗」。《呂氏春秋．上德》中說：「教變容改俗，而莫得其所受之，此之謂順情。」意謂教化應順應民眾的天性，於潛移默化中完成。《禮記．學記》中講：「君子如欲化民成俗，其必由學乎？」白居易說：「人無常心，習以成性；國無常俗，教則移風。」（《白氏長慶集》卷四十五〈策林．策項〉）王安石認為：「夫教化可以美風俗，雖然，必久而後至於善。」（《王文公文集》卷三十四〈明州慈溪縣學記〉）

而如何進行教化，這就涉及到許多具體工作，首要的一項就是應聚積賢德。聚積賢德的過程既是一個內斂的過程，又是一個外顯的過程。一個人要聚積賢德必然要有善的行為。透過這些善的行為既有助於涵養自己的德性，而又在此過程中彰顯了自己德性的光輝，於言傳身教中惠及他人。孟子講：「上有好者，下必有甚焉者矣。」（《孟子．滕文公上》）

古語云：「求治之道，莫先於正風俗。」（《明史》卷一百三十九〈葉伯巨傳〉）良好的社會風俗的形成和發展，需要社會生活中每一個人的參與和努力。而處於上層社會中的人肩負的責任似乎更大，上行下效，意義重大。馬總在《意林．政說》中講：「上行下效，然謂之教。」南宋大儒朱熹說：「上行下效，捷於影響。」（《四書章名集注．大學章句》）他認為上行下效影響很快，比影之隨形和響之隨聲還要迅速。

正如《隋書》卷三〈煬帝紀上〉中所講：「君民建國，教學為先；移風易俗，必自茲始。」君子涵養德性，實施教化，影響大而遠，於移風易俗，收穫很大。

【故事】

孔子是我國春秋時期的偉大的教育家、思想家。他勤奮好學，學識淵博。他認真學習周禮，使自己變成一個知書達禮的人。孔子自己品德高尚，他認為人人都應有仁德，「君子無終食之間違仁，造次必於是，顛沛必於是」，強調無論在什麼條件下都應有仁德。

君子是孔子所嚮往的理想人格，也就是具有仁德的人。孔子認為理想人格的實現包括內聖和外王兩個方面。內聖即自身德性的涵養。外王即創建外在的事功。在社會中，君子應心胸坦蕩，光明磊落地從政，做一番大事業。而與此同時，不應忘記自身德性的修養，而後者是更為重要的。當自己的主張不被社會接納時，也應該注重德性的修為，去做自己喜歡的事情。

孔子生逢亂世，在當時的情況下，禮崩樂壞，君臣易位，周禮名存實亡，所以，孔子一直都把恢復周禮作為自己的責任。他努力尋找機會，而他的作為也確實收到了很好的效果。魯定公八年（前五〇二年）時，公山不狃（狃音ㄋㄧㄡˇ）因為不受季氏重用心生不滿，發動叛亂。而經過家臣陽虎和公山不狃的叛亂，季氏清醒地意識到了目前迫切需要一位有才能的人來輔佐自己。這時，仲孫何忌在季氏面前極力稱讚孔子的德性和才能。於是，季氏決定向定公推薦孔子，讓他出任地方官。

魯定公任命孔子為中都宰。孔子看到定公有誠意，認為施展自己才能的時候到了，就高興地答應了。孔子一上任，就依據周禮規定的內容制訂禮節。他下令要對鰥寡孤獨的人進行救濟，使老有所養，幼有所依，百姓安居樂業。一年時間過去了，中都這個地方的社會風氣得到很好的改善。四方的官員聽說孔子有如此好的政績，就交相來中都這裡參觀，學習孔子的方法和經驗。

孔子告訴他們說：「官員首先要有德性，正人先正己。官員帶頭涵養德性，百姓見到了，如同沐浴在太陽光下，必然也會效仿。同時，要依據周禮行事，嚴格按禮節的要求來行事。」

官員們聽了，覺得很有道理，回去後就效法孔子以德和禮來管理百姓。

有人問孔子說：「用你的方法治理魯國可以嗎？」

孔子回答說：「如果用周禮治國，即使治天下也可以，何止是魯國呢？」

魯定公看到了孔子的政績，心裡大為高興，認為得到了一個有力的助手，就提拔孔子為司空，後來又任命孔子為大司寇。

定公十四年（前四九六年），孔子已五十六歲了，他擔任大司寇，有力地輔助定公管理國事。孔子對人恭敬而又溫和，說話辦事都依禮而行，謙虛謹慎。朝見定公時，能做到對上不諂媚，對下不驕橫，他的言行舉止受到了許多人的尊重，也影響了其他人。他管理國政三個月，魯國行路時男女都依周禮而行，男的靠右邊走，女的靠左邊走，車從中間通行。百姓路不拾遺，夜不閉戶，安居樂業。

孔子透過自身的德性修為來教導百姓以禮行事，在當時有了很大的成效。齊國怕魯國強大起來，從而使用不良手段讓魯定公疏遠了孔子，使孔子不再被重用。

但是，孔子以禮治國的事蹟和方法都被後世的許多君主欣賞。後世許多有為的明君都採用了孔子這一明智的舉措，收效良好，有利於國家的治理和長久的發展。

君子明慎用刑

【名言】

君子以明慎用刑，而不留獄。

——《旅．象傳》

【要義】

這是《象傳》對《旅》卦卦象的解釋。《旅》卦上體為離，下體為艮。離為火在上，艮為山在下。火在山上燃燒，其勢必不長久，故有旅行之義。也可理解為內卦為艮，艮為山，靜止不動，為館舍；外卦為離，離為火，火燃燒，動而為客，故此卦有旅行之象，透過揭示旅行之道來說明為人處世的原則。

這句名言的意思是說，君子效法《旅》卦之象應洞察是非，慎重地使用刑罰，而又不滯留獄訟。也就是說，由火在山上映照山間萬物之象，應知曉要明察、慎用刑罰。同時看到火燒山上，勢不長久，應該想到不能因為慎用刑罰從而延誤了對於獄訟的審判和解決。

自古以來，隨著人類自身不斷發展，或是出於對利益的追求，或是由於其他原因，人與人之間經常會起爭端。起初，爭端的解決方式是多種多樣的。隨著人類文明的發展，人們不自覺地將解決爭端的這一權力交給了國家機器——官府。在古代，地方上解決爭端的司法機構往往是和行政機構合而為一的，也就是說許多地方官員在辦理行政事務的時候，還要承擔審理案件的司法責任，並且在很多時候朝廷也把審理案件能力的高低來作為考核官員政績的一大標準。

公平、公正的原則極為重要。作為斷案者，應當切實地進行調查研究，掌握證據，辨明真偽，合理推斷案情，明斷是非曲直，力求不放過一個壞人，不冤枉一個好人。根據案情，予以合理的量刑。對犯罪者予以適當的刑罰，這是必要的。這樣，既可以給罪犯本人懲戒，又可以警示他人，有雙重作用。但在量刑時，應本著公平、公正的原則。官員要杜絕賄賂和其他人情，拋開其他一切外在因素的干擾，予以正確的審判，給罪犯應得的懲罰。同時，應掌握時間，不貽誤破案的最佳時機，以達到在最短的時間內破解冤情，保護民眾生命財產安全。

歷史上有過許多冤假錯案，也有許多人終生抱有遺憾，所以老百姓心裡盼著青天的出現。北宋時期的包公是其中的傑出代表。後世有關包青天的傳奇故事也流傳了不少，反映了民眾心中對公正的追求和期盼。

【故事】

包公掌管開封府以後，公務繁忙，時常得不到休息。這一日，他難得清閒，便決定去拜訪當朝宰相王大人。他出得府來，悠閒地散著步，不多時便來到王大人府上。

此時，王大人正躺在椅子上閉目養神。今天清晨，他起得很早，到花園裡打了一會兒拳後，便回到書房看書。看了一會兒，稍覺有點累，就躺在椅子上小憩了一會兒。這時，貼身丫鬟秋菊端上洗臉水服侍他洗完臉後，又端上今天的早餐——兩個熟雞蛋和一碗粥。

王大人正在喝著粥，管家來報：「老爺，開封府包大人前來拜訪。」

王大人平時對包公印象很好，而且他還向皇帝大力推薦過他。他一聽包公來了，忙說：「快快有請！」話音剛落，一個念頭在腦中一閃，他想：「人人都說包公是包青天，斷案如神，今天我倒要考考他，看看是否名副其實。」

當下他有了辦法。他指著盤子裡的雞蛋說：「秋菊，這兩個雞蛋妳吃了吧！」秋菊面生難色，站著一動不動，不知老爺什麼意思。王大人故意把臉一沉，大聲說：「讓妳吃妳就吃，不用管那麼多。」秋菊忙答聲「是」，就把兩個雞蛋吃了下去。王大人滿意地點點頭，哈哈大笑，整了整衣服，轉身朝客廳走去。

他一進客廳，發現包公正在品著茶呢。他拱手說道：「包大人，不知你光臨寒舍，有失遠迎，失敬失敬！」

包拯忙還禮：「王大人，包拯清早打擾實在冒昧，請多包涵！」賓主寒暄了一陣，各自落座。

王大人一臉認真地說：「包大人，您今天來得巧啊，我這裡正有點事情要向您請教。」

「大人請講！」包拯答道。

「包大人，你說奇怪不？就在剛才，我在書房吃飯，走開一陣子，兩個熟雞蛋不知讓誰給吃了。我正頭疼呢，可巧您就來了，您看能幫我找出小偷來嗎？」

包公何等聰明，他知道是在考自己。他稍加思考，便說：「大人，我有辦法了，您馬上把府上家眷和家丁、丫鬟召集到客廳裡來，不出一盞茶的工夫，我就會把案子斷個水落石出！」

不一會兒的工夫，全府上下男女老少陸陸續續聚集到大廳裡來了。王大人把小偷的事兒簡單說了一遍。包公便命人拿來幾個碗，碗中盛滿了清水。他讓每個人都要用清水漱一下口，然後吐到另一個碗中。府中家眷有的表示不滿，但怯於王大人在場不好發作，只得照做。

輪到秋菊了，她喝了口水，然後又吐在碗裡，一些熟雞蛋的殘渣立時懸浮在水中。

包公見狀，哈哈大笑，說：「小偷捉到了，就是姑娘妳！」

秋菊見被說中，臉漲得通紅，但又無法辯解，只得低著頭站在那裡。人群中發出聲聲驚嘆。有人說包公斷案如神，也有人說秋菊不該如此做，唯有王大人在一旁微笑不語。待眾人將要散去時，包公突然喊了一聲：「慢著，案子還沒審完呢！」大家用疑惑的眼光看著包公，不知他又要出什麼花樣。

包公轉向王大人說：「大人，秋菊姑娘雖然吃了雞蛋，但是，她是出於無奈。如果我沒猜錯的話，大人才是真正的『小偷』，把自己的早飯『偷吃』了。」

王大人一聽，不禁哈哈大笑，拍一拍包公的肩膀，欣慰地說：「我總算沒有看錯你。是我讓秋菊把雞蛋吃了，以此來試探包大人的才智。好了，大家都散去吧。」秋菊這才露出笑容，和大家說笑著走開了。

王大人詢問包公斷案的理由，包公答道：「要是一般人偷吃了雞蛋，都會馬上漱口，以掩飾痕跡。秋菊雖為一個丫鬟，但在您府上也不愁吃喝，犯不著偷東西吃。即使是她嘴饞，也不必跑到您的書房裡來偷吃。而且，一般來說，小偷被抓住後，都會為自己辯解，否認事實。但是，秋菊卻不為自己辯解。我據此判斷，這事必是大人您從中做了手腳。我若不及時說個清楚，讓人誤以為真是秋菊姑娘所為，豈不是壞了她的名節？弄不好她還會尋短見呢。

此種玩笑大人以後可不能亂開呀！」

包公嚴密的分析和推理，說得王大人頻頻點頭，非常服氣。這個「偷雞蛋」的案子就這樣了結了。

君子以制數度

【名言】

君子以制數度。

——《節·象傳》

【要義】

這是《象傳》對《節》卦卦象所作的解釋。《節》卦上體為坎，下體為兌，坎為水在上，兌為澤在下。澤上有水，其容量有個限度，即為堤防，堤防為節。節，節制、節約。數，十、百、千、萬。度，指分、寸、尺、丈、引。此卦說明了節約的道理與人的吉凶的關係。所引名言的意思是說，君子效法《節》卦之象應制定數度。也就是說，君子應制定一定的禮數和法度，作節制的標準，使人於現實社會人生中有適宜的分位。

《節》卦卦辭為「亨，苦節不可貞」，意為節約可以亨通，但是過於節約不可為正道。爻辭指出節約是一種美德，節約可以帶來通達和吉祥。但是過分地節約，不但不會有吉，反而有凶，應根據不同的情況進行節約。這裡的節約，既可指對物質財富的節省，也可以理解為對人的行為的節制。對於國家而言，要節制物質財富的運用；對於個人自身修為而言，要依據道德的要求和原則，依據國家的制度、禮儀的規範，節制自己的欲望和行為。

中國古代哲學講求「中庸」之道。孔子最早明確地指出「中庸」這一範疇：「中庸之為德也，其至矣乎！」（《論語．雍也》）但孔子本身並沒有對中庸本身的意義做出明確具體的解釋。從《論語》中，可以看出他把《中庸》理解為「中」。他對自己的要求也是「溫而厲，威而不猛，恭而安」（《論語．述而》）。

宋朝哲學家朱熹把「中庸」解釋為：「中者，不偏不倚、無過不及之名。庸，平常也。」（《中庸章句集注》）也就是說，「中庸」是人應具有的一種德性，也是為人處世的良好態度。他體現了事物之間的一種適中、恰到好處的關係。要做到中庸，就是讓人的行為保持一個「度」，取的就是節制的意思。對於這句名言而言，則傾向於對人的行為的節制，而不是財富的節約。

關於節制，古人論述得很透徹。老子說：「名與身孰親？身與貨孰多？得與亡孰病？是故甚愛必大費，多藏必厚亡。故知足不辱，知止不殆，可以長久。」（《老子》第四十四章）他指出，追求名與利對於人自身來說就是巨大的耗費，對人極為不利。但若能知足，適可而止，就不會有什麼危險，強調要遵循自然之理。《尚書．旅獒》中講：「不役耳目，百度唯貞。」即認為人不應成為自己欲望的奴隸，凡事把握一個度，要做正當的事。孟子也講：「人有不為也，而後可以有為。」（《孟子．離婁下》）他指出，面對外界的物欲，人不應去做超出自己行為規範之外的事情，從而才能更好地有所作為。可見，節制是多麼的重要啊！

而禮儀法度在宏觀上就是對人的行為的外在約束，它和人內在的自律相結合，必然有助於人的德性的涵養和修為。透過制定禮儀法度，必會促成各方面素質的提高。

【故事】

西漢初年，天下初定。漢高祖劉邦即位以後，常舉行宴會犒勞那些和他一起轉戰沙場、出生入死的將領們。這些人都是農民出身，和劉邦是同鄉，關係很好，本身沒有什麼學問，也不懂得禮儀。他們生性豪爽而粗野，說話口無遮攔。

一次，劉邦在洛陽南宮大宴群臣。席間，劉邦問眾位將領：「大家說說看，我劉邦為什麼能得到天下，項羽為什麼失去天下？」

高起和王陵坐在座位上說：「陛下雖然好笑話人，可是只要部下攻下了城池，陛下就會將攻下的城池交給部下去管理。可是，項羽雖有婦人之仁，但心眼小，好妒忌別人，太貪心，打了勝仗部下也得不到好處。久而久之，誰也不會願意替他去賣命。這大概就是原因吧。」

劉邦哈哈一笑，說道：「你們是只知其一，不知其二。若論運籌帷幄，決勝於千里之外，我不如張良；若論鎮守國家，安撫百姓，供給糧餉，不絕糧道，我不如蕭何；若論集結百萬大軍，戰無不勝，攻無不克，我不如韓信。這三個人都是人中豪傑，我能任用他們，這就是我得天下的原因；項羽只有一個范增，又不能好好地任用他，這就是他失敗的原因。」眾人點點頭，隨聲附和，就開懷暢飲起來。

一會兒，劉邦打算給大家論功行賞。這些人一聽，不客氣了，爭著誇耀自己的功勞。高興地舉杯狂飲，胡亂揮著寶劍，醉成一團。說著說著，也為一些事情而鬧翻了臉，打起架來，搞得朝堂上烏煙瘴氣，一片狼藉。劉邦雖也是魯莽之人，也有些看不慣了，直皺眉頭。

劉邦有位大臣名叫叔孫通。他最初投奔項羽，為項羽出謀劃策。項羽被劉邦打敗後，他就投奔劉邦了。劉邦出身鄉野，瞧不起讀書人，叔孫通就打扮得和劉邦的同鄉人一樣，受到了劉邦的重用。

現在，劉邦遇到了如此傷腦筋的問題，愁眉不展。叔孫通知道後，就上奏劉邦說：「陛下，一國要興盛，必須要有禮儀制度。沒有規矩，不成方圓啊！周公制禮作樂，就是要平息混亂，給國家營造良好的秩序。治國有方，國家才會興盛啊！」

劉邦覺得他說得有道理，便問他是否想出了好辦法。

叔孫通說：「魯地是禮儀之邦，陛下可讓臣去那裡招募儒生，讓儒生集思廣益，群策群力，來制定上朝的禮儀。」

漢高祖滿意地點了點頭。叔孫通便派人到魯地招來三十名熟悉禮儀的儒生，又召集了自己的學生和劉邦的一些近臣一起來從事禮儀的制定工作。

隔了不久，叔孫通按照君尊臣卑的原則，制定了一連串上朝的禮儀。漢高祖下詔，讓文武百官去城外練習禮儀。在叔孫通的指導下，文武百官懷著好奇的心理練習了一個多月的時間。漢高祖檢閱以後，感到很滿意，高興地說：「這個樣子最好了，我也懂得了。」隨後下令讓所有的諸侯、大臣都學習新制定好的禮儀，並且規定，在長樂宮落成後的慶典上實施。

漢高祖七年（前二〇〇年）元旦那天，文武百官在長樂宮正式舉行朝賀儀式。劉邦下令擺好了宴席，以示慶祝。黎明時分，謁者（謁音ㄧㄝˋ，主持行禮的官員）引導眾位官員依次進入宮門。這時，只聽傳令官一聲號令：「傳大臣上殿！」話音剛落，在旁等候的大臣們分兩路進入大殿。列侯、諸將等武官面東站在西邊，文官丞相以下的官員面西站在東邊，都按官職的大小依次站立。

待大臣們站定以後，傳令官便去恭請皇上上朝。大殿裡鴉雀無聲，沒有了以往的嘈雜，一切都顯得那麼安靜。官員個個低著頭，表情嚴肅認真，顯得秩序井然。忽聽官員傳呼清道，劉邦乘車從寢宮來到大殿。

劉邦坐下以後，參加朝拜的臣子便依次報出自己的姓名、官職，伏在地上行跪拜禮，經劉邦許可，方可退回自己的位置。眾位大臣朝拜完畢，劉邦下令酒宴開始。大臣們便按照朝儀的規定行禮、落座、飲酒，顯得秩序井然。從開始到結束，沒有一個人膽敢大肆喧嘩。百官畢恭畢敬地向劉邦道賀，讓劉邦感覺到作為皇帝的尊嚴，不禁十分得意。朝賀儀式結束後，劉邦意識到「馬上得天下」可以，「馬上治天下」就不行了。於是，他下令讓叔孫通繼續制定其他方面的禮儀規範，讓各級官員嚴格遵守，循規蹈矩，認為這樣做有利於官員品德的修養和行為的端正。

此後，封建社會君臣之間的禮儀制度就建立起來了，一直沿襲了一千多年，直到清廷被推翻才予以廢除。

君子慎辨物居方

【名言】

君子以慎辨物居方。

——《未濟．象傳》

【要義】

這是《象傳》對《未濟》卦卦象的解釋。《未濟》卦上體為離，下體為坎，離為火在上，坎為水潤下，水火不相交，用來說明做事情沒有取得成功。從爻畫上看，《未濟》卦六爻都失位，也有未成功之義。《未濟》卦卦辭以小狐狸過河為例，來說明在事情未取得成功之時，應當小心謹慎，否則將前功盡棄，徒勞無益。在《周易》六十四卦中，《既濟》卦之後就是《未濟》卦，為六十四卦之最後一卦。這告訴我們事物的完成並不就意味著事物發展的終結，任何事情在整體的宇宙中都存在著一個無限發展的過程。所引名言的意思是說，君子效法《未濟》卦之象應當謹慎分辨事物，處理四方之事。

每一個人在社會中都有一定的分位。每一個人也都有一些事情要去做。當我們要做某件事時，都抱有美好的希望，力圖獲得成功。而一件事情獲得成功受多方面因素的影響。俗話說：「良好的開端是成功的一半。」從一開始，就應做好各項準備工作。在此後的過程中，應懷著謹慎之心來審時度勢，明辨是非，處理好各方面的事務，使其各得其所，順理成章，井然有序。

說到謹慎，古代思想家在這一方面論述頗多。《呂氏春秋．慎行論》中講：「行不可不孰，不孰，如赴深溪，雖悔無及。」意思是說，人在有所行為時，不可不思慮清楚。不思慮清楚，就如同跌入幽深的山谷中，即使後悔也來不及了。荀子在〈勸學〉篇中講，「故言有招禍也，行有招辱也，君子慎其所立乎」，認為說話會帶來災禍，行動有時會招致恥辱。因此，君子應當謹慎地對待自己的一言一行。

在事情取得成功之前，君子應時刻注意謹小慎微，在言行上多加省察克制。君子只要時刻懷有一顆謹慎之心，仔細對待身邊的人和事，努力有所作為，距離成功也就不遠了。

【故事】

蜀建興六年（二二八年），蜀國丞相諸葛亮決定向祁山進軍。他一方面製造假消息，讓士兵傳揚出去說要從斜谷出兵，直接去打郿城（今陝西陳倉東北），一方面讓鎮東將軍趙雲、揚武將軍鄧芝屯兵在箕谷這個地方。這樣就造成一個假象，好像諸葛亮的大軍集中在東邊這一路。魏明帝得知這一消息，就讓大將曹真把鎮守關右的兵馬調到郿城，防備著蜀兵的進攻。這下正中了諸葛亮的計策。諸葛亮便率領大軍從西路去攻打祁山。大軍浩浩蕩蕩地向祁山進發，順利攻城。本來，諸葛亮坐鎮成都，魏國的大將們對蜀地的防備已經大大放鬆了。諸葛亮的這一舉措，大大出乎他們的意料，搞得他們措手不及。

對此，魏明帝倒很沉穩。他派右將軍張郃（郃音ㄏㄜˊ）從西部去抵抗蜀兵。他又把大將司馬懿調回來，共同對付諸葛亮。

諸葛亮順利地進入祁山，天水郡的不少屬縣紛紛投降了諸葛亮。鎮守天水的太守馬遵感到很驚慌。蜀兵由西突破，太守所在的冀縣首當其衝。於是，馬遵不顧參軍姜維的勸告，自己偷偷地向東逃到上邽（邽音ㄍㄨㄟ）城。姜維知道太守棄他而去，他只得回到冀縣。結果，迎接他的卻是諸葛亮。兩人一見如故，談得十分傾心。經過這一番交談，姜維表示願意跟從諸葛亮。

有了姜維的幫忙，天水、南安、安定三個縣和周圍屬縣都攻下來了，蜀漢的境土得到了很大的拓展。

在這時，諸葛亮聽到張郃率兵攻打天水的消息，並且知道曹真帶兵駐紮在郿城，兩股軍隊力量很大。他仔細地研究了形勢，認為張郃定會先攻打交通要道街亭（今甘肅清水西北）。

諸葛亮一向做事謹慎，在用人上尤為注意。他讓參軍馬謖（謖音ㄙㄨˋ）率領兩萬人馬去鎮守街亭。臨別時，諸葛亮再三叮囑道：「街亭是通向漢中的要道，你要小心守住。最好是多修柵欄，加強防範，不要放一個敵人過來。」

馬謖十分自信地說道：「丞相放心。街亭地勢險要，一夫當關，萬夫莫敵。我也略通兵法。別說是張郃，就是司馬懿親自來，我也不怕！」

諸葛亮又囑咐道：「我知道你熟讀兵書，但也不能大意。」諸葛亮又任命王平為裨將軍，讓他小心謹慎，協助馬謖完成這項任務。

諸葛亮如此小心，就怕馬謖年輕氣盛，驕傲輕敵，粗心大意，釀成大錯。他的謹慎不是沒有道理，諸葛亮一人擔負著如此重大的任務，的確應該慎重啊！

卻說馬謖和王平率兵到了街亭。馬謖環顧了一下四周，微微一笑，對王平說：「丞相主意可真多。這街亭地勢險要，山上有樹林，正好可以埋伏，魏兵怎敢過來呢？」

王平提醒他說：「丞相告訴我，咱們要在山下安營紮寨，要加強堡壘，多置柵欄。咱們一邊安頓下來，一邊讓兵士上山砍木頭做柵欄吧，參軍以為如何？」

馬謖不以為然，說：「我看去山上紮營，居高臨下，倒是合適。」

王平謹記諸葛亮的囑託，他不同意馬謖的做法。他說：「要是敵人四面圍山怎麼辦？」

馬謖應聲答道：「敵人圍山，咱們就衝下去。居高臨下，還怕打不敗敵人嗎？」

王平還不放心，又問：「此處是個絕地。要是魏兵斷了我們的水道怎麼辦？」

馬謖見王平不聽他的話，很是生氣，他氣呼呼地說：「如果魏兵斷了咱們的水道，咱們就不會拚命搶回來嗎？」

王平還是覺得不妥，他要求馬謖撥給他一部分人馬在臨近的地方紮寨，使得彼此可以接應。馬謖勉強同意了，可是僅僅給了王平一千人馬。隨後，便率領大軍駐紮在山上，當即畫了地圖，注明紮寨的地點，派人送給諸葛亮。

馬謖雖然很有才氣，但就是恃才傲物，缺少實戰經驗。這次，他沒有仔細分析地形和雙方態勢，就把大軍駐紮在山上了，從而給了司馬懿機會。司馬懿早已得知了馬謖的情況，他一面派張郃對付王平，一面率領大軍連夜趕到街亭。第二天一早，司馬懿下令把馬謖紮寨的山頭圍住，在山下築起了壁壘。他下令全軍守住陣營，只圍不攻。

馬謖見魏兵圍上了山，認為自己的機會來了。他下令讓士兵分成幾路衝下山去。結果，魏軍只是用弓箭就射倒不少蜀兵。馬謖下令不許撤退，兵士們硬著頭皮殺下去，死傷很多，沒有成效。而且魏兵截斷了蜀兵的水道，兵士們飯也吃不成，好些人半夜裡丟下武器，逃下山去，投奔魏軍去了。馬謖這才慌了神。他後悔不該不聽丞相的話，自己大意，才有如此慘重的損失。

王平那裡對付著張郃，根本沒有機會來營救他們。馬謖只好率領一部分兵馬殺出一條血路，向西逃去。王平沉著地應付張郃，率領人馬緩緩退兵。張郃怕有詐，也不敢追趕，王平這才平安地向陽平關退去。

司馬懿並不追趕，他有更好的計策。他知道諸葛亮失了街亭，一定會下令退兵。如果抓住機會，咬住諸葛亮不放，定能取得戰鬥的勝利。

由於馬謖的粗心大意，剛愎自用，導致全軍死傷慘重。街亭失守，給蜀軍帶來了很大的損失。雖然諸葛亮和馬謖關係很好，情同父子，但如此大的過錯是不能饒恕的。馬謖自己也感到很悔恨，但為時已晚。於是，諸葛亮下令斬了馬謖。

聖人崇德而廣業

【名言】

夫《易》，聖人所以崇德而廣業也。

——《繫辭上》

【要義】

這是《繫辭》中的一句話。意思是說：《周易》，是聖人用來增崇道德而廣大其事業的。《周易》是一部蘊藏智慧的書，至今依然閃耀著迷人的光芒，對現實社會人生有著重要的指導作用。

崇德，即是安頓人自身的生命。廣業，即是回應外在的世界。崇德就是一種修身養性的功夫，透過德性的修養，使人的德性生命和肉體生命得以契合，使人對生命的價值有所感悟，使人明白人之所以為人的道理，成為真正具有德性的人。

由此而及外，就是「廣業」，即創建外在的事功，最終實現生命的價值和意義。所以說，崇德廣業也就是中國哲學講的「內聖外王」之道，是針對現實而言的，即在生命的內在和生命的外在兩方面都要有所成就，真正實現人生的價值和追求，展現出個體的風采。生命中有了奮鬥和進取，有了輝煌的成就，也就了無遺憾。

《繫辭》中的這句話有很重要的現實意義，它體現了中華民族奮發向上的精神追求，展現了炎黃子孫高潔的精神家園，為現實生活中的人設置了高遠的理想和行動指南。

【故事】

朱熹，字元晦，一字仲晦，晚年自號晦庵、晦翁、雲谷老人、滄州病叟，是南宋時期著名的思想家、哲學家、教育家。朱熹不僅注重自身品德的修養，而且還授徒講學，傳播中國傳統文化。與此相應，朱熹還出仕為官，在職期間，宣揚自己的政治主張，為百姓做了許多好事。

朱熹小時候，父親朱松就利用閒暇的時間督促朱熹熟讀經典。在他十四歲的時候，父親去世，他便和母親一起投奔當時的右朝議大夫劉子羽。在那裡，他依然沒有忘記學習，先後受教於胡憲、劉勉之、劉子翬（翬音ㄏㄨㄟ）三人。後來，他向理學大師李侗（侗音ㄊㄨㄥˊ）求教，受益匪淺，對他後來思想的形成影響很大。

朱熹二十四歲便中了進士，到泉州同安縣任主簿，任期剛滿，還沒等接任的人到任，朱熹就打點行裝回到崇安，在武夷山研究學問、講學。

南宋紹興三十二年（一一六二年），宋孝宗即位，起用將領張俊做出兵抗金的準備，並下詔朝廷內外陳述政見。朱熹趁此機會，提出自己的政治主張。他在〈壬午應詔封事〉中指出：「今日之計不過乎修政事攘夷狄而已矣。」接著，他又提出要熟讀「聖學」，學習《大學》中的格物致知、正心誠意之學，用儒家思想來管理國家。其中，他認為儒家修身養性的道德學說尤為重要，也就是說應提倡德治的思想。但他的這一主張當時沒有被接受。朱熹很受打擊，對為官失去了興趣，一心著書講學。後來，朝廷多次任命他官職，他總是一再推辭，不肯赴任。

朱熹是位孝子，父親死後，他和母親相依為命，母親為了他付出太多。母親年紀大了以後，朱熹便把母親接到身邊細心侍候，以盡孝道。朱熹知道，若是為官，有諸多事情要做，對母親的照料必然不夠，所以自己能推掉的官職就盡量推掉。

朱熹一心致力於聚徒講學、著書立說的活動，名氣愈來愈大。朝廷愛惜他是個人才，決定採用，但又怕他在京為官對朝政多加干涉，就任命他擔任地方官。朱熹仍然是一再推辭，無奈朝廷下旨不許辭免，加上友人呂祖謙、張敬夫等人的勸說，就赴任了。

朱熹一上任，發現當地的老百姓日子過得很苦，就決心為百姓做點實事。淳熙六年（一一七九年）六月，他上奏朝廷減少星子縣（今屬江西）的賦稅。第二年，他再次上奏朝廷免除星子縣的賦稅。四月，他又申報減輕屬縣木炭錢。這一年七月，南康郡大旱，朱熹又大修荒政，降低米價來幫助窮苦百姓。

淳熙八年（一一八一年），朱熹即將離任時，又發生了一件事情。有一富家子弟在市場上策馬狂奔，一名孩童躲避不及被馬踩傷。朱熹知道了以後，很是生氣。他下令把肇事者抓了起來，第二天，當眾打了那人幾十板子。有個熟人知道後，告訴朱熹：「這人家裡很有勢力，你何苦對他如此羞辱呢？」

朱熹正色說道：「這是人命關天的大事，怎能姑息遷就？如果這樣的事情不能及時處理、遏止，恐怕以後還會發生更加嚴重的事情。況且作為朝廷命官本來就應該保護善良的人免遭侵害，對蠻橫無理的人應該挫殺他們的霸氣，這是職責所在。假如一心縱容，那怎麼行呢？」

朱熹做事就是這樣認真、負責。為官時他力爭做個好官，講學時他堅持傳道、授業、解惑，而且他平生四十餘年都是在講學和研究學問。講學的過程中，他修建了白鹿洞書院和嶽麓書院，並創建了全國著名的考亭書院，還建立了武夷書院、紫陽書院、晦庵書院、建安書院。他總共教了幾千學生，而且自己在學術上有很高的成就。

他對經學、數學、史學、文學、樂律、佛學、自然科學以及傳統文化等多方面都做出了很大貢獻，是宋明理學的集大成者。朱熹的思想深深影響了後世的學術研究，為留下了一筆珍貴的財富。

言為亂階

【名言】

亂之所生也，則言語以為階。

——《繫辭上》

【要義】

這是《繫辭》中的一句話，用來解釋《節》卦初九爻辭。《節》卦初九爻辭為「不出戶庭，無咎」。《節》卦說明了節制的道理。所引名言的意思是說，禍亂的產生，是以言語為契機。

《象傳》對《頤》卦進行解釋時說，「君子以慎言語，節飲食」，意識到了言語的重要性。

《繫辭》中還有一段話是這樣講的：「君子居其室，出其言善，則千里之外應之，況其邇者乎！居其室，出其言不善，則千里之外違之，況其邇者乎！言出乎身，加乎民。行發乎邇，見乎遠。言行，君子之樞機。樞機之發，榮辱之主也。言行，君子之所以動天地也，可不慎乎？」

意思是說君子居於自己的室內，口出善言，千里之外的人都回應，況且近處呢！言語出於身，影響於民，行動發生在近處，而顯現於遠處。言行，這是君子人生的門樞和弩機，是很關鍵的。樞機在發動時，主宰著榮辱的變化。言行，君子是可以用它來驚動天地的，怎可不慎重呢？

這裡說的也是言行要謹慎的問題。它主要闡述了善言與不善之言對於君子本身榮辱的影響和關係。為人處世，必須言行適當。語言可以表達我們的思想，行為可以實現我們的理想。古代賢哲把言語和行為作為道德修養的重要方面，講究善言善行。對此，思想家桓譚有大致相同的思想。他說：「夫言行在於美善，不在於眾多。出一美言善行，而天下從之，或見一惡意醜事而萬民違，可不慎乎！」（《新論．言體》）

適當的言語和行為是如此重要，事關君子的名譽和事業。人生在世，應做到言必信，行必果，言有善，行有德。這是君子立身的根本，也是創建屬於自己的偉大事功的重要前提。言語和行為就像一個人的臉。我們每天都愛護、清潔我們的臉，讓它保持最好、最美的狀態。我們更應該經常注意對言語和行為進行修飾、養護，彰顯善，遠離惡，使自身力求做一個善的存在，永遠為善。

人們常說，「言為心聲」，語言可以表達出我們的思想，但若出言不遜，言語狂放不羈，往往會禍從口出，「君不密則失臣，臣不密則失身，幾事不密則害成」，後果不堪設想。若能適當地運用語言，發揮出語言的作用，確實也會收到良好的效果。凡事都要講個度，要做到無偏無不及，堅持適度的原則。這樣，面對社會人生紛繁複雜的事情時，才會得心應手，遊刃有餘。

【故事】

楊修是太尉楊彪之子，博學能文，機智過人。他擔任曹操丞相府倉曹主簿，但由於他時常賣弄自己的聰明，話語又不謹慎，最終惹怒了曹操，招來殺身之禍。

有一次，曹操下令修造一所花園。完工之後，曹操前去視察，視察完畢，就在門上寫了一個「活」字。工匠們都不知道是什麼意思。楊修說：「門裡添了活字，就是闊。丞相是嫌花園門太寬了。」於是工匠們馬上動工把門改窄了一些。大家請曹操再次視察，曹操見了很高興，問：「是誰猜出了我的意思？」眾人都說是楊修，曹操嘴裡大加讚賞，心裡卻很不是滋味。

又一次，塞北送了一盒酥來，曹操在盒上寫了「一合酥」三個字，放在案頭，隨後就出門辦事情去了。楊修有事來找曹操，見到了案頭的那盒酥，又見到了盒子上的字。他微微一笑，便隨手拿走了那盒酥，逕自分給士兵們吃了。後來曹操問起這件事，楊修說：「盒子上明明寫著『一人一口酥』嘛，大家只好從命了。」

曹操聽了，哈哈大笑，但心裡對楊修的話很不滿。曹操很嫉妒有才華的人，就怕別人的才能超過自己，他不喜歡別人在他面前顯示自己的聰明才智。

當時天下不太平，曹操怕遭暗殺，常常吩咐左右：「我經常在夢中殺人。我睡著時，你們不要靠近我。」有一次，他午睡時，被子落在地上，一個侍從忙起身為他蓋上。曹操便起身一劍殺了那名侍從，然後又重新躺到床上去睡起覺來。一會兒，起床之後，看到周圍的一切，假惺惺地問：「誰殺了我的侍從？」眾人如實稟報。曹操大哭，把那個人厚葬了。

經過了這件事，大家都相信了曹操真的是在夢中殺人。只有楊修卻在下葬時指著那個冤死的人嘆息說：「丞相並沒有做夢，你才在夢裡頭呢！」曹操聽見，覺得楊修實在太聰明，更加怨妒他，總想找個理由懲罰他一下。但他又憐惜楊修是個人才，只好作罷。

曹操與蜀軍在褒斜道（古道路名）作戰，因蜀軍大將馬超堅守，久攻不下，曹軍只好在斜谷界口安營紮寨。他很想退兵，卻又不甘心，一時猶豫不決。正在沉思時，廚子送來雞湯。他正喝著，部將夏侯惇來問夜間巡邏的口令。曹操看著碗裡的雞骨頭，隨口說：「雞肋！雞肋！」

楊修知道後，回去讓隨行軍士收拾行裝，準備回去。夏侯惇（音ㄉㄨㄣ）不明白其中緣故，楊修解釋說：「雞肋這東西，食之無味，棄之可惜。現在我軍前進不能取勝，後退又怕人恥笑，在這兒待著，還不如早點回去。我想明天丞相一定班師，所以早做準備，免得臨時慌亂。」

不巧的是曹操心中煩悶，就走出營帳，到各營巡查，發現士兵都在準備行裝，便問夏侯惇是怎麼一回事，夏侯惇如實稟報了情況。

曹操大怒，忍無可忍，以擾亂軍心的罪名把年僅三十四歲的楊修斬首了，總算解了心頭之恨。

人之所助者信

【名言】

人之所助者，信也。

——《繫辭上》

【要義】

意謂人所佑助的是誠信。它告訴我們，為人處世要講究誠信。

誠信，就是誠實而有信用。我國古代文化典籍《大學》一書被古人視為「初學入德之門」，大學之道即為人之道。其中，對誠信也有精彩的闡述。它說：「所謂誠其意者，毋自欺也。如惡惡臭，如好好色，此之謂自謙。故君子必慎其獨也。」又說：「富潤屋，德潤身，心寬體胖，故君子必誠其意。」《大學》認為君子要做到意念誠實，在個人獨處的時候，也要使自己的行為一絲不苟，做到言行一致，表裡如一。

荀子說：「士君子之所能不能為：君子能為可貴，不能使人必貴己；能為可信，不能使人必信己；能為可用，不能使人必用己。故君子恥不修，不恥見污；恥不信，不恥不見信；恥不能，不恥不見用。是以不誘於譽，不恐於誹，率道而行，端然正己，不為物傾側，夫是之謂誠君子。」（《荀子．非十二子》）他認為君子應自尊自重，要做到有信用，不受榮譽的誘惑，不被誹謗嚇倒，遵循正道行事，持正自己的行為，不因外界的影響而動搖，這樣的人就是誠實的君子。做到誠信，並遵循正道，才能實現君子的人格。

張載認為君子心地誠實，所以講信用；內心沒有雜念，所以有尊嚴。「誠故信，無私故威。」（《張載集．正蒙．天道》）不僅儒家如此，道家也認為誠信是很重要的，做到誠信就是近乎自然，就會達到「真」的境界，這是很可貴的。

莊子認為：「真者，精誠之至也。不精不誠，不能動人。故強哭者雖悲不哀，強怒者雖嚴不威，強親者雖笑不和。真悲無聲而哀，真怒未發而威，真親未笑而和。真在內者，神動於外，是所以貴真也。」（《莊子．漁父》）

心有誠信，心裡就得到安寧，更利於堅守正道而不偏離，從而成就光明磊落的品格，這樣下去是沒有什麼災患的，有的只是更好的發展方向和發展前途，何樂而不為呢？

【故事】

關羽，字雲長，三國蜀漢大將，是河東解縣（今山西臨猗西南）人。東漢遠支貴族劉備在鄉里聚眾起義，關羽和結拜兄弟張飛一同追隨，馳騁疆場。劉備任平原（今山東平原西南）相時，任命關羽、張飛分別擔任別部司馬，率領大軍作戰。劉備和關羽、張飛剛結為兄弟時，三個人關係特別好。他們晚上在同一張床上睡覺，像親兄弟一樣親。而關羽甘心為劉備轉戰沙場，赴湯蹈火，在所不辭。

建安五年（二〇〇年）正月，漢獻帝的丈人、車騎將軍董承聯絡將軍王子服、長水校尉種輯等人，準備聯合劉備內外夾攻曹操的計畫被洩露，曹操把董承等人殺了後，準備征討劉備。他認為劉備野心很大，現在不消滅他，後患無窮，於是曹操開始東征。

劉備得知消息，驚慌不已。他知道以他自己的力量是抵抗不了曹操的。他立即派北海（今山東昌樂西）人孫乾去向當時勢力很強的袁紹求救。袁紹的謀士田豐勸袁紹進攻許都，消滅曹操。袁紹卻有別的打算，他以為時機未到，所以沒有採取行動。

劉備駐守的小沛城很快就被曹操攻破了。劉備和張飛經過拚死搏殺，終於殺出一條血路，衝出重圍。劉備和張飛走散了，他只好向北去青州投奔袁紹的兒子——青州刺史袁譚。

曹操攻陷了小沛，又進攻關羽駐守的下邳（邳音ㄆㄟˊ）城，劉備的家眷都在這裡。曹操下令一定要把城攻破。關羽幾次出城作戰，無奈寡不敵眾，都吃了敗仗。關羽坐困愁城。這時，曹操派大將張遼來說服關羽投降。關羽考慮到劉備家眷的安全，答應了。但他提出要保證劉備家眷的生命安全。他還告訴張遼，若是自己有朝一日打聽到劉備的下落，他還是要回到劉備的身邊。曹操愛惜關羽是個難得的將才，答應了他的請求。

在回許都的路上，關羽細心地照顧劉備的家人。晚上，就在昏暗的燭光下讀《春秋》。曹操知道後，更加敬重關羽了。回到許都，曹操便拜關羽為偏將軍，待他很好。曹操還把大將呂布留下的那匹赤兔馬送給了關羽。

雖然這樣，關羽依然沒有忘記他與劉備之間的兄弟信義。他對張遼說：「曹公這樣厚待我，我感激不盡。但是，劉將軍以前對我很好，我們盟誓同生死，共患難，我不能違背自己的誓言。我不會在曹營久留，但我一定會立功以報答曹公對我的厚愛才離開。」

張遼稟告了曹操，曹操嘆了口氣說：「關羽真是講信義的人。我更敬佩他了。」

在青州，劉備受到了袁譚的熱情招待。袁譚寫信告知父親袁紹有關劉備的情況。袁紹很高興，親自去迎接劉備，並告訴他，自己要征討曹操。這次，袁紹不顧田豐的勸阻，決定立即發兵攻打曹操。

袁紹率領十萬多人馬進攻黎陽（今河南浚縣東）。他派大將顏良進攻白馬城（今河南滑縣）。曹操得知消息，立即發兵支援。關羽為了報答曹操的恩德，自告奮勇，披掛上陣，殺了顏良。

曹操打了個勝仗，他知道關羽最終會離開，便給了他許多賞賜。這時，劉備派人悄悄送信告知關羽自己的情況。關羽高興地把這一消息告訴了劉備的家人，準備到袁紹兵營裡見劉備。他把自己屢次得到的賞賜封存好，恭敬地寫信向曹操辭行。

曹操派人好言相勸，加以挽留，可惜關羽去意已定。一天，他騎著馬，拿著大刀，帶著十幾名隨身士兵，保護著劉備的家人，向袁紹軍營走去。

關羽費了好大一番周折，才找到劉備。從此以後，他仍一心一意地為劉備打江山。他固守朋友間的信義，直至敗走麥城後被殺害。

變則通

【名言】

易窮則變，變則通，通則久。

——《繫辭下》

【要義】

意謂易道窮盡則變化，變化則又重新通達，能通達才可以長久。

這反映了《周易》中的轉化的思想。《周易》認為，事物發展到窮極，發展到頂端，必然向相反方向轉化，只有這樣才能使事物長久發展。自然界的日月寒暑往來屈伸就是這樣的道理。「日往則月來，月往則日來，日月相推，而明生焉。寒往則暑來，暑往則寒來，寒暑相推，而歲成焉。」（《繫辭》）於現實社會人生，指出存與亡、治與亂都是可以相互轉化的，是事物發展必然要經歷的發展階段。

鑑於此，《周易》提出變通的思想。「易」字本身也有變易的意思。《周易》尚「變」，由《乾》、《坤》兩卦生變出其他六十二卦就可以看出這一思想。《坤》卦的六爻都闡述了《周易》「變」的思想，認為不通則變，變則通達，提出變革的必要性和重要性。北宋思想家王安石提出：「尚變者，天道也。」（《文集．河圖語書義》）他提倡「趣時而變」，認為「中者，所以立本而未足以趣時；趣時則中，不中無常也，唯所施之宜而已矣」（《洪範傳》）。

當歷史發展趨勢需要社會做出相應的變革時，就是符合正道的。這樣的變革必然會帶來國家政令的通暢和社會的長治久安，利於人民的休養生息，意義重大而又深遠。

對於國家而言是如此，對於人來說更需要進行變通，學會通權達變。宇宙人生是不斷發展變化的，作為主體的人就應遵循正道，適應不斷變化的境遇要求。這樣，才能抓住機遇實現自己的遠大抱負和理想。對於人而言，應當在事情發展過程中因應不同的情況而進行轉變。等到事情陷入困境、危機中，更應想出有效方法來求得進一步的發展，這樣就會出現「山重水複疑無路，柳暗花明又一村」的境況。這樣一來，事情就會變得通達，通達以後就變得長久。變通的道理實在太深刻了！

【故事】

古時候，有一個叫甘蠅的人，箭術高超，只要他一射箭，就會百發百中。他教了個徒弟，名叫飛衛。飛衛得了老師的真傳，後來箭術甚至比老師還要厲害。

後來，有一個年輕的射手，名叫紀昌。他年輕氣盛，加上自己本身學箭有了一點小進步，就覺得自己非常了不起了。於是，他便找到飛衛，要求比試一下。

飛衛見了紀昌，也不多說話，就走到院子中央，把弓拉開，對準天空中飛過的大雁，「嗖，嗖，嗖」連射了三箭，只見三隻大雁從空中落了下來。周圍的人發出一陣陣的讚嘆聲，只見飛衛又把弓對準了城頭上掛的燈籠。一箭射過去，掛燈籠的紅絲線斷了，燈籠「啪」地一聲落在了地上。

而這一切，只是發生在很短的時間內。紀昌一時竟看呆了，他這才知道了什麼叫做真正的高手。他頓覺很慚愧，「撲通」一聲跪倒在飛衛面前，懇求飛衛收他做徒弟。飛衛見他一心想學，就笑著答應了。

第一天，紀昌就早早地起來，穿戴整齊，等待師傅傳授絕招。飛衛搖了搖頭，說：「我哪有什麼絕招啊？射箭看似簡單，其實並不簡單，關鍵要看基本功怎麼樣。第一條就是要學會盯住目標不眨眼。你回家去練吧，什麼時候學會不眨眼了再來找我。」說完，飛衛踱步走進了屋子，關上門，不再搭理紀昌。

紀昌心裡很納悶，但又不敢多問，垂頭喪氣地回到了家。

回到家，妻子問明了情況，連聲稱讚飛衛教的方法好。該怎樣幫助丈夫呢？她想了一會兒，就有了個好主意。她讓丈夫坐在織布機旁，用手指了指梭子，然後開始織起布來。看著不斷轉動的梭子，紀昌明白了妻子的意思。他決定開始練習了。

一開始，看著那快速轉動的梭子，紀昌感覺自己的眼睛都要花了。後來，一看梭子，眼就不自覺地發酸，發疼，掉眼淚。不管怎樣，紀昌還是努力堅持著。再後來，看著梭子時，眼睛似乎不那麼疼了，也不掉眼淚了。就這樣，每天睡覺醒來，妻子便織布，紀昌就看梭子。日子久了，感覺看梭子和看擺在地上一動不動的桌子一樣不費力氣，眼睛也不眨了。兩年的時間很快就過去了。

一天，妻子手拿一把鋒利的錐子在紀昌眼前晃來晃去，他的眼睛竟然一眨也不眨。紀昌很高興，就興沖沖地去見師傅飛衛，大聲喊道：「師傅，我已經學會不眨眼了，無論在什麼情況下都能做得到。」

飛衛聽了，心裡也很高興，但他仍不動聲色，說道：「學會不眨眼睛只是第一步的工作。要想真正學會射箭，還需練出好眼力。」

「那該怎麼練呢？」紀昌很困惑。飛衛笑著說：「很簡單，你只要練到看小東西如同看大東西一樣清晰就行了。」

紀昌吐了吐舌頭，心想：「天啊，這可能練得出來嗎？」不過，他還是聽了師傅的話，回到了家。

一連幾天，紀昌都沒有想出好的辦法，一時愁眉不展。這下，妻子也沒有什麼好辦法可想，只好陪他一起唉聲嘆氣。一天，紀昌想得心煩，就走出家門到田野中透透氣，舒展一下心情。忽然，他看到一頭牛正在用尾巴上下左右地來回驅趕圍在身上的蒼蠅。「有了！」紀昌心中一亮，他急忙跑過去，從牛尾巴上拔下一根很細的毛，又在牛身上捉了一隻蝨子，然後便急忙跑回家。

妻子買菜回來，看到紀昌正坐在窗前，兩眼呆呆地看著那隻用牛尾毛拴著的蝨子，會心地笑了。

一開始，紀昌看到的只是一隻蝨子。他不灰心，每天一有時間就盯著蝨子看。後來，他覺得那隻蝨子好像大了那麼一點點，就認為師父說的沒錯，便潛心練了下去。

三年後的一天清晨，紀昌從睡夢中醒來。他習慣地向蝨子望去，發現那小小的蝨子已經有車輪那樣大了。哇，真是奇怪！他凝神看一下自己周圍的東西，天哪，屋裡原先那些擺設都跟小山一樣大小了。妻子知道了很高興，忙把這一消息告訴了鄰居，讓鄰居去把飛衛請來。飛衛聞訊趕來，交給紀昌一張用燕國牛角特製的小弓，又讓他搭上楚國產的短箭，鼓勵紀昌說：「射一下試試看！」

紀昌接過箭來，不慌不忙，張弓搭箭，「嗖」的一聲，只見這箭正中蝨子身體的中央。紀昌很是高興，對師傅說：「師傅，我成功了！我成功了！」

飛衛讚賞地說：「你這樣不怕苦，當然會成功了！你很聰明，善於從困境中找出路，所以功夫就學到家了。做什麼事情都要這樣，既要刻苦，又要掌握好方法。不能用蠻力，要用巧勁，這樣就會學到真本領，就能一通百通啊！你看，我並沒有教給你怎樣去射箭，你不也一樣射得很好嗎？功到自然成嘛！」

紀昌對師傅飛衛很感激，經過一番練習，他終於成為和甘蠅、飛衛一樣有名的神射手了。

積善成名

【名言】

善不積，不足以成名。

——《繫辭下》

【要義】

意思是說，善事不累積，就不足以成就好的名聲。

由一顆小小的種子到長成一棵枝繁葉茂的大樹，需要經歷一段漫長的成長發展過程。對於人的德性修養來說，也同樣需要一個日積月累的漸進過程。思想家荀子在〈勸學〉篇中講：「積土成山，風雨興焉；積水成淵，蛟龍生焉；積善成德，而神明自得，聖心備焉。故不積跬（跬音ㄎㄨㄟˇ）步，無以至千里；不積小流，無以成江海。」說的也是這個道理。

我國從古至今，歷來注重人的德性的涵養。道德雖不是萬能的，但對於一個社會的良好運行和發展進步而言，道德又是不可或缺的。人的道德品格的提高，需從一點一滴的道德修養做起。

俗語說：「千里之行，始於足下。」德性的修為不是一朝一夕就能形成的，人的一生都需要下一番大工夫來修身養性。人之初為至純的嬰兒，無憂無慮地生活著，純潔的大腦極易接受外界的各種資訊從而形成各種感性的知識。在其逐漸成長為兒童的過程中，善的因子和惡的因子都會進入到資訊的流通中。而這一時期又是涵養德性的關鍵時期，因而要對兒童進行啟蒙教育，揭開蒙蔽，彰顯文明。從此之後直至人的最終死亡，涵養德性貫穿始終。從最初的他律轉為後來的自律，都是極為重要的工作。於一時一日之間，在人事細微處下工夫，方能成就偉大而光輝之德性。純然至善的德性人終身都離不開它，它會激勵人「窮則獨善其身，達則兼濟天下」。

中華民族是一個傳承文明、開拓創新的民族，上下五千年文明的積澱處處閃耀著德性的光輝。古代思想家極為重視自身的德性修養。《大學》裡的名言：「意誠而後心正，心正而後身修，身修而後家齊，家齊而後國治，國治而後天下平。自天子以至於庶人，壹是皆以修身為本。」集中表述了這一思想。《論語．述而》中講：「子曰：『德之不修，學之不講，聞義不能徙，不善不能改，是吾憂也。』」孟子也說：「君子之守，修其身而天下平。」（《孟子·盡心下》）揚雄在《法言·修身》中講：「修身以為弓，矯思以為矢，立義以為的，奠而後發，發必中矣。」「修其善則為善人，修其惡則為惡人。」他把修身的重要性描繪得淋漓盡致。

涵養道德在今天仍有其意義。首先，這是為人立身之本。其次，也是人際交往的需要。再引申一步，應當說是文明傳承的基石，有利於國家和社會的進步與發展。儘管做善事並不是為了追求好的名聲，但是，善事做得多了，名聲也就大了。

【故事】

三國時期，有位名醫叫華佗，他醫術高明，醫德高尚，名滿天下。

華佗是譙郡（譙音ㄑㄧㄠˊ，今安徽亳縣）華家莊人。華佗小的時候，母親常患病，華佗就和弟弟背著母親四處求醫。時值漢朝末年，兵荒馬亂，田地荒蕪，百姓少吃沒穿，過著窮苦的日子。那時，患病的人很多，名醫卻不多。而且官府常把醫生請去診病，窮人得了病，往往會貽誤病情，也得不到很好的醫治。這樣的情形，華佗看得多了，便萌生了學醫的念頭。

一個偶然的機會，華佗到藥鋪當學徒，負責採藥、購藥、配藥，對藥材漸漸熟悉了。他天資聰慧，虛心學習醫道，久而久之，倒也有了幾分體會。一年後，他受藥鋪老闆指點，去普陀寺找廣濟大師學習醫道。

廣濟大師從不傳授徒弟，但他念經時也不介意華佗在場。他念完佛經後，就念《黃帝內經》。華佗聽後就銘記在心，回家後就憑著記憶再默寫出來。大半年下來，華佗記了一本厚厚的筆記。後來，廣濟大師見華佗已學有所成，就悄悄留給華佗一部《黃帝內經》。待到華佗發覺並要感謝他時，廣濟大師已雲遊四海去了。華佗潛心學習《黃帝內經》，大有長進。他開始行醫，立志廣濟眾生，為天下病人祛除疾病，帶來幸福安康。

華佗之所以名揚四方，一是在於他醫術高明，更重要的則在於他有一顆善良的心，醫德高尚。他對病人一視同仁，認為行醫最重要的就是要治病救人。

華佗用針灸的方法治病時，他常怕有時因為自己找不準穴位而給別人製造無謂的痛苦，就練習在自己的身上扎針。有一次，有一位朋友遠道而來拜訪華佗，華佗的徒弟暫行接待他。朋友感到詫異，就自行來到華佗的臥室，卻發現華佗正在往自己身上扎針。他身上的銀針閃閃發光，煞是嚇人。於是，朋友問華佗：「先生，您這是做什麼呀？」

華佗見狀，把身上的銀針拔了出來，穿戴整齊，說道：「我在試著針灸呢。」

朋友關心地問他：「不知先生得了什麼病啊？」

華佗微微一笑，答道：「我並沒有得病。我只是在試著找準穴位，這樣銀針扎下去才能又快又準，減少病人的痛苦。雖然一開始扎得不準，會有痛苦，但是熟能生巧，常練就能扎得準了。行醫事關病人的安危，馬虎不得啊！」一席話說得朋友頻頻點頭，對華佗敬佩不已。

當時由於沒有麻醉劑，在開刀做手術時，病人常常疼痛難忍。為了解除病人在手術時的痛苦，華佗潛心研製出了一種藥劑——「麻沸散」。這是一種麻醉劑，手術前讓病人用水服下，能減輕許多手術的痛苦。

華佗行醫的名聲愈來愈大，達官貴人家有人得了病，都來找華佗醫治。華佗救人心切，並不推辭，但是他從來不收任何賞賜。華佗最關注的還是平民百姓。因此，他常常走街串巷，尋訪病人。有時看到有的病人家境貧寒，他就分文不取，無償地為病人看病抓藥。

有一年，丞相曹操在許昌（今河南許昌東）得了頭疼病，看了許多醫生，吃了許多藥，病不但不見一點起色，而且是愈治愈疼，最後竟然臥病在床，呻吟不止。

一天，曹操手下有一個叫張遼的將領來拜見曹操，他看到曹操頭疼得厲害，就對曹操說：「丞相，您為什麼不試著讓華佗看一下呢？大家都說他是天下神醫呀！」曹操聽罷，立刻派人去請華佗。

華佗用針灸療法暫時解除了曹操的痛苦。但是，針灸只能解一時之痛，不能除去病根。因此，他對曹操建議說：「丞相的病不是一次就能治好的，針灸只能解除暫時的疼痛，要想根治，必須動手術。」

但此時曹操的病情已經大有好轉，就不想動手術了。因此，他對華佗說：「希望神醫能暫住相府，等把我的病治好了，再搬出去。」曹操就這樣把華佗留了下來。每次曹操頭疼病犯了，就讓華佗給他針灸。

華佗天天惦念著那些在等待他的病人們，住在相府的幾天裡，一直愁眉不展。有一天晚上，他趁人不注意，從相府裡逃了出來，回到了家中。百姓們知道華佗回來了，都很高興。華佗又開始精心為人治病。曹操知道華佗逃走了，但由於這幾天裡頭不再疼了，對這件事也就未加追究。

但是，幾天之後，曹操的頭疼病又犯了，而且疼得更加厲害，使他夜不能寐。他就派人把華佗又請了來。華佗在仔細為曹操做了診斷之後，認為曹操的病要想根治，必須破開頭顱，去掉腦髓裡的黏液。他還說：「請丞相儘管放心，華佗確保手術安全。前些日子，我在襄陽替關公刮骨療毒，他現在已經痊癒了。」

曹操生性多疑，聽華佗這樣說，便斷定華佗是蜀國派來暗殺自己的奸細，就下令把華佗抓起來斬了。華佗臨危不懼，依然堅持說：「丞相，華佗意在治病救人，絕不是什麼奸細。您即使要殺華佗，華佗還是要說一句，您的病只能這樣治療，而且耽誤不得呀！」曹操的手下也為華佗求情，曹操無奈，只得將華佗關了起來。

華佗身陷囹圄（囹圄音ㄌㄧㄥˊ ㄩˇ，監獄之意），深知獲救無望，就把握時間整理書稿。原來，華佗平時行醫時遇到一些疑難病症，碰到一些祖傳秘方，就隨手記下來，放在背上的青囊裡，日積月累，總結出了許多非常有效的治療方法。他想把自己這幾十年裡的行醫經驗和心得體會記錄下來，傳給後世。華佗知道自己所剩的時日已經不多了，於是，他在獄中通宵達旦不停地寫呀，寫呀。最後，他把這本書命名為《青囊經》。

但是，書稿雖然寫成了，華佗卻無法把它送出獄去。想到此處，華佗不禁仰天長嘆，老淚橫流。曹操把華佗殺了之後，把《青囊經》也毀了。可惜華佗的一身絕技竟然沒有流傳下來！

華佗行醫幾十年，醫治過的病人不計其數。他不但醫術高明，而且醫德高尚，被後人尊奉為「神醫」。他的事蹟在後世被廣泛傳誦，對後代產生了很大的影響。

安不忘危

【名言】

君子安而不忘危，存而不忘亡，治而不忘亂。

——《繫辭下》

【要義】

意思大致是說，君子處乎其安而不忘乎其危，保乎其存而不忘乎其亡，擁乎其治而不忘乎其亂。

《易傳》對《易經》作了富有創造性的詮釋，從而使其本身含有豐富的哲理。《繫辭》闡發了許多有價值、有意義的思想，其中，憂患意識貫穿始終，突出體現在對《泰》、《否》兩卦的解釋上。現以《否》卦為例。《否》卦講了一個物極必反的道理，《否》卦上體為乾，下體為坤，乾為天在上，坤為地在下，陰陽二氣不能相感從而閉塞不通。從爻畫上看，三個陰爻處於上升趨勢，三個陽爻處於消亡趨勢，彼此不能交感。於現實社會人生而言，表示社會上惡勢力橫行一時，正義得不到伸張。所以此卦不利於君子。「其亡！其亡！繫於苞桑。」這是《否》卦九五爻的爻辭，意思是說將要滅亡了，將要滅亡了，大人（此刻想到憂患）如同把東西繫在桑樹上才免於滅亡。這一爻辭告訴我們要時刻具備憂患意識，無論是太平盛世還是混亂之世。在亂世中，人往往能具有憂患之心，善於發憤圖強，從而往往能避免禍患，取得事業的成功。所以，亂世中能誕生許多英雄。而在順境中，情況就大不一樣了。此時，人往往貪圖安逸，也就會造成諸多過失。所以，在順境中仍能保持一顆憂患惕厲之心是難能可貴的，而且更有價值、有意義。

就人而言，喜好安逸快樂是人的欲望，每一個人都希望自己一生幸福、安定。但是若沉醉於安逸快樂，則會使人精神萎靡，從而消磨自己的意志，使自己走向滅亡。充滿患難的環境是人所厭惡的，人的一生都在盡量避免這一切。但是如果在憂患中發憤圖強，反而會戰勝艱難險阻，披荊斬棘，取得事業的成功。

中華民族是一個多災多難的民族，幾千年來，內憂外患不斷，天災人禍不絕，而中華民族仍保持著旺盛的生命力，並創造了五千年光輝燦爛的文明。之所以如此，就在於我們具有一種憂患精神，在逆境中懷有憂患之心，在順境之中更具有憂患之心，可喜可嘆！

對於一個國家而言，君主若具有這樣一種憂患的精神，那就太寶貴了。這是因為一國之君可以興邦，一國之君可以喪國。通觀歷代王朝的風雲變幻可以得知，危難局面的出現不是一時間就猛然降臨的，這往往是由於在安定的環境中過於懈怠不斷留下隱患造成的。在安定的局面下，出現隱患就如同人的身體有了小小的病症，在一開始看來，是無關緊要的，可是若任其生長發展，用不了多長的時間，可能就會危及人的生命。這樣下去，國將不保。所以，一國之君要明曉這一道理，並引以為鑑，做到「安而不忘危」，「存而不忘亡」，「治而不忘亂」，這樣才會使自身得以保全，並使國家長治久安。

【故事】

唐太宗李世民即位近十年裡，勤於政事，謹慎治國，注意百姓的休養生息，因而天下太平，百姓安居樂業。

貞觀初年，百廢待興。一天晚上，大臣裴寂有事求見太宗。待他見到太宗，卻看到太宗正站在掛滿奏章的屏風前仔細觀看著，就感到很奇怪，問道：「陛下為什麼要把奏章掛在這裡？」

太宗答道：「奏章太多了，大臣們有的意見提得很好，要仔細琢磨才行。」

裴寂拱手讚嘆說：「陛下如此辛苦，國家必定興盛。」

太宗又說：「治理國家並不是一件容易的事，只靠朕是不行的，還得有你們這些忠臣和良將啊！」

是的，在貞觀年間，正是有許多大臣在太宗面前敢於直言，經常提醒太宗注意打理國政，太宗才能居安思危，時刻謹慎，天下才得安定太平。

太宗處理朝政時，孜孜不倦，嘔心瀝血。貞觀初年，各方面的工作都很瑣碎，太宗常常感到身心疲憊。一天，太宗問大臣們說：「眾位愛卿，你們說一說，作為帝王，創業難，還是守業難啊？」

房玄齡回答說：「依臣看是創業難。大家出生入死，轉戰沙場，能有今天的宏偉大業是多麼的不容易，創業難啊！」

魏徵搖搖頭，說：「自古以來，打天下做帝王都是歷盡千辛萬苦才行的。可是當創業成功之後，帝王又容易身享安逸而亡國。所以說，守業要難得多了。」

李世民聽了，認為說得都有道理。他說：「玄齡跟隨朕轉戰沙場，浴血奮戰，當然知曉創業的艱難。魏徵幫助朕治國安民，常常告誡朕要居安思危，防止滋生禍患，所以認為守業難。現在，天下已定，正是應當好好地守業的時期。眾位愛卿要助朕一臂之力治理好國家，以求百姓安樂，天下太平。」眾臣聽了，都高呼「萬歲」，讚嘆太宗的聖明。

貞觀六年（六三二年），太宗對眾臣說：「自古以來，做帝王的常常不能善始善終地堅守帝業。漢高祖劉邦起初任用賢能成就大業，不過，十幾年後便放縱自己，窮奢極侈，濫殺功臣，因而導致四方叛亂，國家危急。所以，朕以史為鑑，知道居安思危的道理，以保國家長久。」

太宗不僅如此說，而且也是這麼做了。他勤於朝政，毫不懈怠，每日批閱奏章到深夜。幾年下來，國家政治清明，國力逐漸強盛。

可是又過了幾年，太宗看到天下大治，一派歌舞昇平的景象，以為可以不用那麼辛苦操勞了，於是放鬆了對自己的要求，每日喜好吃喝玩樂。每年，太宗都要派人整修宮殿，興建新的宮室。工程浩大，需要很多勞工。於是，許多老百姓不得不應召服役，耽誤了農業生產，造成田地荒蕪，百姓有了怨聲。魏徵看到這種情況，勸太宗應節制修建，不要讓百姓負擔過重。太宗並不在意，反而說：「百姓無事則易驕，勞役則易使。」

太宗命人在皇城北門即玄武門附近大興土木。

有一天，大臣房玄齡、高士廉在路上遇到少府少監竇德素，房玄齡隨口問了一句：「北門那裡又興建了什麼工程？」而竇德素立即把這一情況報告了太宗。太宗一聽，勃然大怒，馬上召見了房玄齡、高士廉，大聲斥責說：「管好你們自己的政事就行了，北門的小事，何須你們多問？」

嚇得兩位大臣馬上跪倒謝罪。站在一旁的魏徵見此情景，心中很是不平。他直言道：

「玄齡身為宰相，是陛下的重要助手，對內外事務都應知曉。關於工程，如果建設合理，他應該幫助陛下去完成；如果不合理，應當勸誡陛下停止工程的興建。這件事他問得合情合理，不知陛下為何要予以怪罪呢？」

太宗被駁得啞口無言，感覺很沒面子，便拂袖離去。眾位大臣都看到了太宗態度的變化。他們很是擔憂，不斷上書太宗，力陳治國的重要性。

貞觀十一年（六三七年）五月，魏徵在一次上疏沒有成功的情況下，又上疏勸諫，他寫道：「陛下從善之心不如往昔，聞過必改更不像貞觀之初，近年來威怒有加，而積怨日多。由此可知貴不期驕，富不期侈，非虛言也。……誠望能以隋亡為鑑，去奢從儉，親賢良，遠奸佞，雖今日太平無事，更應恭勤節儉，居安思危。」太宗並不以為然，他以為天下大業不至於如此就被顛覆了，所以依然我行我素。

魏徵見狀十分著急，在貞觀十三年（六三九年），他又寫了〈漸不克終十條〉的疏，共兩千餘字，義正詞嚴，針砭時弊。其中有一段是這樣寫的：「臣聞禍福無門，唯人所招。陛下應見戒而懼，擇善而從，思過能改，則普天幸甚。」魏徵說得有情有理，真切動人，終於敲醒了麻木已久的太宗。太宗接受了魏徵的勸諫，收斂了自己的行為，改正了以往的過錯。所以，在太宗在位的二十三年間，政治清明，民風淳樸，經濟繁榮，軍力強盛，成為歷史上少有的盛世之一。

太宗本人最初能意識到居安思危的道理，實在可貴。雖然在位有一段時間對此有所遺忘，但他的眾位賢臣卻絲毫沒有忘記這一點。正是他們不斷地努力，幫助太宗最終認知到這一道理，而且自始至終都在努力工作，防患於未然，從而在太宗懈怠朝政時，才使國家沒有出現大的禍亂。足見居安思危的道理是多麼有意義啊！

上交不諂，下交不瀆

【名言】

君子上交不諂，下交不瀆，其知幾乎。

——《繫辭下》

【要義】

意謂君子與上相交不諂媚，與下相交不瀆慢。這算是知曉幾微了。

《周易》講「生生之謂易」，意為宇宙萬物皆是天地陰陽二氣交感而化生出來的，並認為一切事物都處於不斷的變化過程中。包括人在內的萬事萬物都是一種當下性的存在。人應努力尋找最佳的時遇並加以把握，所以君子應「知幾」。「幾」就是時遇發生細微動變的契機，是人把握住時遇的突破點。所以，君子應「知幾」，應適時把握事物細微動變的契機，及時地做出適當的回應。若人能爭取主動，以開闊的視野由這種契機進而把握事物發生動變的可能方向並適時駕馭，往往就能抓住時機，有一番大作為，從而取得事業的成功。因而，「知幾」顯得尤為重要，顯示了人高度的生存智慧。所以《繫辭》講「君子見幾而作，不俟終日」，鼓勵君子要適時去做事。

根據《周易》所言，君子「上交不諂，下交不瀆」，保持不卑不亢的氣節就是「知幾」。也就是說君子因應當下特殊的時遇，應做到「上交下諂，下交不瀆」，這是最佳的回應舉措。而這種不卑不亢、持正不阿的氣節也是人於為人處世中所應長久堅守的。

在社會中，人都有一個適宜的分位。對待人應有恭敬、誠信之心，不應因人所處職位之低而有意瀆慢，也不應對自己的上級阿諛奉承，要堅守人文的中正之道，堅持為人的本分。人應時時刻刻擁有獨立的人格，保持堅定的節操，這是立身的根本。堅守節操是明瞭天地之大「幾」，意義何等重大！堅守節操，履行正道，才能挺立起人格氣象，才能延續偉大而高尚的精神生命，從而才能創建輝煌的事功。

【故事】

東漢初年，有一官員名叫董宣。董宣官位雖然不高，但為人正派，持正不阿。

董宣任北海相時，當地有一個名叫公孫丹的官吏。公孫丹建了一座富麗堂皇的大宅院，在住進去之前，有人就告訴公孫丹說，這個宅院住不得，容易死人。公孫丹聽信了這一說法，想出一個喪盡天良的辦法。他讓兒子隨意殺死一個過路人，並把人抬進宅院，以破解屋子的晦氣。這樣，自己的家人就可以放心大膽地住進去了。當地百姓知道了，沒有不感到氣憤的，但卻敢怒不敢言。

董宣得知了下屬的報告，怒髮衝冠。他下達了拘捕令，派下屬將公孫丹父子倆捉拿歸案，按律當斬。公孫丹的家人和親信在當地勢力很大，他們知道了消息後，就到官府前聚眾鬧事。董宣並不以為然，他大力調查此案，掌握了這幫人犯法的大量證據。他查出他們曾參與王莽的篡權活動，並勾結強盜，危害鄉親。儘管當時有許多阻撓辦案的因素存在，董宣還是派部下水丘岑把他們繩之以法。

青州太守是董宣的頂頭上司，是個昏官。他聽信了公孫丹家人的一面之詞，加上當時收受了公孫家的不少好處，就不分青紅皂白，把董宣、水丘岑抓了起來，準備判他倆死罪。在大堂審訊的時候，只要董宣態度稍軟一點，向太守求情，就可以免於死罪。但董宣何等正直，豈能做出這樣的事情！他當面痛罵太守及公孫一家枉法的行為，使太守惱羞成怒，當下判定董宣、水丘岑死罪。

在大牢中，獄卒佩服董宣的為人，但卻認為他這樣死不值得，勸他找人到太守面前替他說情，董宣極力反對：「想我董宣一世清白，死有何懼，豈能做出如此小人行為？」要上刑場了，行刑的官員為董宣準備了豐盛的酒菜，董宣看了一眼，大聲說道：「我董宣一生不曾向別人討得一口飯吃，何況在這將要死的時候呢！多謝了！」

正要行刑時，有一人騎馬飛馳趕到，高呼：「刀下留人！」

原來，一些正直的官員把這件事稟報光武帝作了彙報，光武帝覺得董宣罪不當死，就派特使趕來瞭解情況。在特使面前，董宣把案情的前前後後說了一遍，最後他說：「公孫丹的案子若是辦錯了，罪在我一個人身上，水丘岑只是奉命行事，請皇上饒了他，董宣一人做事一人當。」

光武帝聽了特使的稟報，很受震撼。他派人查清了整個案子的真相，赦免了董宣和水丘岑的罪責。不久，光武帝下詔任命董宣為京都洛陽令。

董宣到任後，一如既往地秉公辦事，為百姓做了不少好事。或許老天為了考驗他，又給他出了一道難題。光武帝的姐姐湖陽公主的管家殺了人，董宣得知情況後，派人捉拿。但因為礙於公主的權威和地位，一直沒有成功。後來趁公主出遊之際，董宣攔住公主的轎子，指著騎馬護轎的那個管家，向公主力陳他的犯罪事實，卻遭到公主的斥責。董宣義正詞嚴，不容公主的包庇行為，他下令把那個管家在公主面前當場處死。

湖陽公主很是氣憤，馬上回宮到光武帝面前告董宣的狀。光武帝一時也覺得氣憤，他想：「董宣啊董宣，寡人平時對你夠大度的，為何你這時候不講情面？」他下旨宣董宣覲見。董宣似乎已知道了等待自己的會是什麼，他已做好了赴死的準備。光武帝下令當場處死董宣。聽了宣判，董宣泰然自若地說道：「陛下要處死臣下，臣沒有辦法。但臣請陛下再聽臣幾句忠言。」

「你講！」光武帝應道。

董宣大聲說道：「陛下英明治國，得以興復漢室天下。現在公主縱容、包庇管家隨意傷害百姓，目無國法，何以安民心、治天下？臣一心為國，忠心耿耿，願以死以示清白！」說罷，一頭向殿上柱子撞去，直撞得頭破血流。

光武帝見董宣如此剛直，大為震撼。他想：現在只有最後一個辦法了。他讓人勸住董宣，讓其向公主賠罪，董宣不肯。光武帝無奈，就讓太監按住他的頭，強迫他服從。可是董宣帶傷硬撐著，就是不肯低頭認錯。光武帝見他竟然這般模樣，內心倒也多了幾分喜歡，反而勸姐姐把這件事忘掉算了。湖陽公主見光武帝不肯幫她，也只好作罷了。

經歷了這件事，光武帝愈來愈認為董宣是個難得的人才。他封董宣為「強項令」，賞錢三十萬。平時，董宣對下屬一向很好，常詢問他們生活是否有困難。這筆賞錢董宣分文未取，全部分給了下屬，算是對他們辦案的獎賞。

此後，董宣的名氣更大了。老百姓都很喜歡、愛戴他，有了冤屈就放心大膽地向他訴說，且總能得到公正的解決。

知不善，不復行

【名言】

顏氏之子，其殆庶幾乎，有不善未嘗不知，知之未嘗復行也。

——《繫辭下》

【要義】

這句話原是孔子讚揚顏回時說的，意思是說：有不善的事情未嘗不知道，知道後未曾再犯。

在我國傳統的文化中，儒家極為注重修身養性。作為儒家學派的創始人，孔子更是極為強調這一點，他的仁禮合一的學說也體現了這一思想。在孔子認為，仁是人存在的內在本質，是個體無限向上的超越，是自我人格的不斷提升和顯現。仁是內在的，是自律的道德。

由仁向外展開，就有了許多道德規範的要求，儒家講究人要以仁的標準來為人處事，於日常的具體事情中實現自身道德的追求。所引名言正是體現了這一點。

它告訴我們，在日常生活中，我們要時時處處以道德準則來規範自己的言行，不要偏離人之為人之本。要清楚地知道哪些事情該做，哪些事情不該做。對於善事，我們要心情暢快地去做；知道有些事情不該做就不要去做。心中要時刻有道德規範，不應因好奇、不在意或其他原因而去犯本不該犯的錯誤。人的一生是不斷地向善的過程，應當過得坦蕩蕩的，不要因種種原因而抱憾終生，讓自己不快樂。

【故事】

孔子率領他的學生到列國周遊，在陳、蔡邊界被困，一連七天都沒有吃上一口飯，把孔子和弟子們都餓壞了。

孔子的大弟子顏回見老師餓得一天一天地瘦下去，十分傷心。他想：年輕的師弟們或許還能挨上一些時間，老師上了年紀，怎能經得起這種折磨啊？萬一在路上有個三長兩短，那怎麼辦？我得去設法弄點吃的來。

顏回也沒有什麼好辦法，他心地善良，又做不得偷盜的事情，只好去乞討。也真是巧，居然碰上一個好心腸的老婆婆，給了他一些白米。顏回高高興興地把米拿回來，倒在鍋裡，放上水，砍柴生火，煮了起來。不一會兒，飯也就熟了。

孔子一覺醒來，突然聞到了一陣撲鼻的飯香。他覺得奇怪，便出來探看。剛跨出房門，就看見顏回正從鍋裡抓了一把米飯往嘴裡送。孔子又高興又生氣，高興的是有飯吃了；生氣的是，顏回竟然如此無禮，老師還未吃，他就一個人搶先吃了起來。

過了一會兒，顏回恭恭敬敬地端了一大碗香噴噴、熱騰騰的白米飯送到孔子跟前，說道：「老師，今天有幸遇到好心腸的人，送給我們一些大米。現在飯做好了，先請老師進食。」

孔子一下站了起來，說道：「剛才我在睡夢中見到去世的父親，讓我先用這碗米飯來祭奠他老人家吧。」

顏回一聽，忙把那碗飯奪了回去，說道：「不行！這米飯不乾淨，不能用來祭奠！」

孔子故作不解地問道：「為什麼說它不乾淨呢？」

顏回答道：「剛才煮飯時，不小心把一塊炭灰掉到上面，我感到很為難。倒掉吧，太可惜了，但又不能把弄髒的飯給老師吃呀！後來，我把上面沾了炭灰的米飯抓起來吃了。這掉過炭灰的飯是不能用來祭奠的。」

孔子聽了顏回的這番話，恍然大悟，他激動地拉著顏回的手說：「回呀，你真是賢德的人啊！」

君子體仁

【名言】

君子體仁足以長人，嘉會足以合禮，利物足以和義，貞固足以乾事。

——《文言》

【要義】

這句話是《文言》對《乾》卦卦辭所作的解釋。仁，凡果核之實有生氣者曰「仁」。《釋名‧釋形體》：「人，仁也；仁，生物也。」長人，主宰人。所引名言的意思是：君子身體力行而踐仁，足以統領人而為治理眾人之長，薈萃嘉美於一身足以與禮儀相契合，惠澤他人足以與道義相契應。固守正道，足以成就大業。

在《周易》看來，德性修養對於人來說，是重要的。但若僅限於此，是遠遠不夠的。人之為人的價值還體現在人能做一番自己衷心熱愛的事業，創建較大的事功。《周易》並不避諱君子對「利」的追求。「利」在這裡不僅是指一己之私欲，而且指應該為公眾之公利而創建一番事功，做出自己應有的貢獻。而這個「利」應與道義相契合，符合義的標準。君子在道德修養的基礎上，應對社會人生有崇高的責任感和神聖的使命感，做到「窮則獨善其身，達則兼善天下」（《孟子．盡心上》）。

中國傳統的哲學重視理想精神境界，而理想精神境界問題就是理想人格問題。一個人達到了理想精神境界，就意味著他成就了理想的人格。可以說，「天人合一」是中國古代哲學家所共同追求的理想境界。人生的最高境界莫過於真、善、美的和諧統一，儒、道兩家儘管在很多方面有許多分歧，但在這方面思想是一致的。孔子的「五十而知天命，六十而耳順，七十而從心所欲不踰矩」的說法闡明了他的理想人格，認為真、善、美和諧統一的境界就是人生價值的最高實現。

《周易》多處講君子之道，它所闡發的君子的理想人格就是如上述名言所說的，君子應實現自己德性的精神生命，又應創建偉大的事功，居仁行義，依禮守正，把「內聖」和「外王」結合起來，它彰顯了《周易》之大精神！這是何等光輝的理想人格！

【故事】

武王滅掉商朝之後，有一個重要的問題擺在他面前，這就是如何處理商朝遺民。武王想把這幫人都殺掉，卻又覺得不妥當。因為當時去討伐紂王時，各諸侯國軍隊是因為受武王的仁德感召才來共同戰鬥的。若此時大肆殺戮，勢必會造成人心不穩的局面。於是，武王就向弟弟周公旦討教。

周公旦身受其父姬昌的影響，始終對百姓懷有一顆仁愛之心。他對武王說：「就讓商朝遺民在他們原來居住的地方住下去吧。要鼓勵他們耕種，同時也可選拔其中有德性的人為大周效力，這樣子豈不更好？要以德服人啊！」武王聽了，感觸很深，就下令施行。同時，他釋放了箕子和商朝其他貴族，並開倉放糧，救濟商地的飢民。這一連串措施贏得了人心，商朝遺民暫時穩定下來了，同時周朝也得到了其他部落的支持。

但武王卻並不就此放心。他雖然封給紂王之子武庚土地，但仍然準備派人監視他們的行動。於是，他分封給弟弟管叔、蔡叔土地，並讓他們監視武庚的舉動。同時，他又把土地分給周朝的功臣。他認為這樣一來，同天下都是周朝，若天子有難，四方諸侯必然能來救援，周朝必然會長期穩定。

不久，武王因病去世了。太子姬誦繼承了王位，就是周成王。成王當時年紀尚輕，沒有治國的經驗和本領。而那時周王朝面臨著非常嚴峻的局面，各諸侯國雖然協助武王一舉滅紂，但成功以後都有自己的打算，並掌握著很強的兵力。國內問題重重，人心不定，局面貌似穩定，實則危機四伏，而小小的成王根本無力解決這些問題。

在這群龍無首的關鍵時刻，周公旦甘當重任，替成王處理國政，各諸侯百官都要聽命於他。而管叔、蔡叔對此十分不滿。他們到處製造謠言。於是，周公旦想做國君的謠言很快傳遍朝野四方，局勢變得不穩定起來。

周公旦很冷靜，他以一種博大寬厚的胸懷來面對這種狀況。他對謠言置之不理，一心放在朝政上，可謂嘔心瀝血。他積極關心百姓疾苦，幫助百姓恢復生產，使百姓安居樂業，周王朝的局勢得到了較好的控制，局面有所好轉。

但不久之後，武庚率領軍隊勾結管叔、蔡叔發動叛亂，力圖推翻西周王朝，局勢十分危急。如果不採取必要的措施，西周的大業有可能會毀於一旦。在這緊急關頭，周公旦沉著冷靜。他調集大軍，親自征討。經過幾場血戰，用了兩年的時間，終於鎮壓了叛亂，武庚、管叔被殺，蔡叔被流放。

周公旦又乘勝向東進發，平定了反叛的五十多個小國。這樣，周朝疆域又擴大到了海邊。經過這場大變，周朝人對周公旦心服口服。

周公旦意識到，隨著疆域的開拓，都城鎬京（鎬音ㄏㄠˋ，今陝西長安西北）顯得過於偏西，不利於國家管理，因此決定在東方的洛水之濱營建新的都城。三月初，周公旦準備新都的建立。他遵循天子遺訓，依據節儉的原則建造新都。在他的號召下，四方民眾都來參與新都的營建。

周公旦很注意以德服人。在平息叛亂後，周公旦把弟弟康叔分封到商朝遺民居住的地方，並對他講了如何治理好封地的方法。周公旦說：「先帝施行仁德教化，許多人都願意受他指揮，你要繼續先帝的大業，要按照先帝的遺訓和德教來治理國家。你到達封地後，要廣泛地搜集殷商賢明者的言論，盡量用他們的方法治理，你應該修身積德，施行德教，心中寧靜，時刻反省檢查自己的品德行為，深謀遠慮，才能使民眾信服。只要你的德政能弘揚於天下，國家就可以治理了。」

新都建立以後，各諸侯國安心生產，整個周朝出現了一片欣欣向榮的大好形勢。後來，周公旦又制禮作樂，建立名物典章制度，確立了嫡長子繼承制，為周王朝的長治久安打下了很好的基礎。

周公旦治國七年，不僅政治穩定，而且還把成王培養成賢明的君王。七年之後，周成王正式執掌朝政，而周公旦仍然一心一意地輔佐成王。可以說，周朝後來的興盛，在很大程度上得益於周公旦的功勞。

閒邪存誠，善世不伐

【名言】

庸言之信，庸行之謹，閒邪存其誠，善世而不伐，德博而化。

——《文言》

【要義】

這是《文言》對《乾》卦九二爻辭所作的解釋。《易傳》中很重視以當位、中位等爻位說來解經。當位說，一般是指陽爻居一爻、三爻、五爻為得位，居二爻、四爻、上爻為失位。而陰爻居二爻、四爻、上爻為得位，居一爻、三爻、五爻為失位，得位吉，失位凶。中位說指一個六畫卦中，二爻、五爻分別居中位，九五、六二為中正之爻。許多易學家推崇得位之中，但對某位失位之中，認為居中仍然可以吉而無咎。《文言》篇對《乾》卦九二爻辭所作的解釋就是如此。

庸言，平常的言論。閒，防。善世，與「德博」相對，可譯為善行。伐，自我誇耀。

化，感化。所引名言意思是：即使是說平常的話也應做到誠實，即使有平凡的舉動也應謹慎。防止邪惡而保持誠信，善行廣大卻不自我誇耀，德性廣博而感化眾人。《周易》說：「龍出現在田野，利見大人」，這是君主之德。這段話說明了作為一國之君的個人修養方面所表現出來的一種宏大而開闊的氣象。

作為一國之君，身居尊位，權力巨大。雖然如此，德性修為仍不應廢棄。君主是一個國家的整體形象代表，是最高統治者，他的一言一行都關係重大。所以，言語、行動更要謹慎。對於君主之言需加以規範，古人已有論述。《呂氏春秋．審應覽》中說：「人主之言不可不慎。」胡宏闡釋了言詞謹慎對於君主的重要性：「行謹，則能堅其志；言謹，則能崇其德。」（《胡宏集．知言．文王》）。

古人常常用「金口玉言」來形容君主言詞之尊嚴和其無上的權威。正因為如此，君主更應注意言行舉止，要符合道德的要求，顯示君主至高的德性。

作為一國之君，應使內心保持誠信，使心變得寧靜，廣泛接納宇宙和社會人生之善，以至善之德來滋潤自身。同時，應釋放自身廣大的善來澤被萬民、感化萬物，這本是在位之責任。所以，不應居功自誇。

君主完善自身責任，嚴格要求自身言行，推行善政，澤被萬民，必會得到萬民的景仰與愛戴。萬民願意跟隨並支持他，天下必然會大治，這是水到渠成之理啊！

【故事】

漢武帝是西漢時期一位很有作為的皇帝。晚年時，他體弱多病，就想讓兒子繼承大業。武帝有三個兒子，唯獨小兒子既聰明又懂事。於是，深謀遠慮的武帝就打破常規，立小兒子為太子。可是當時小兒子只有八歲，還不能打理國家大事，需要有一位忠心耿耿、德高望重的大臣來扶持他。武帝思來想去，決定讓霍光為輔政大臣。漢武帝召見霍光，說明了自己的心意。霍光受寵若驚，跪倒在地，說：「臣才疏學淺，蒙陛下隆恩，絕不辜負陛下厚愛。」武帝很欣慰，臨終前，他任命霍光為大司馬大將軍。

武帝過世後，霍光就像周公輔佐成王一樣輔佐漢昭帝。他推行善政，為老百姓做了許多好事。

漢昭帝即位以後，漢朝國政大事都由霍光掌管。霍光深感責任很大，不敢怠慢，小心謹慎地處理各方事務。那一年，到了春天耕種的季節，有些地方的老百姓沒有種子可以播種，也沒有糧食吃。秋天到了，許多地區受災嚴重，收成不好，霍光就下令免除百姓的田租。霍光又深入調查百姓疾苦，減免了許多苛捐雜稅，減輕了百姓負擔。霍光愛惜民力，他對外和匈奴實行和親政策，停止了戰爭，減輕服兵役給百姓帶來的負擔。這樣一來，百姓得以休養生息，農業生產得到了很大發展，百姓安居樂業，天下一片大好的形勢。

霍光管理朝政，取得了如此大的政績，文武百官都很佩服，也願意聽從他的指揮。閒暇時，霍光就教漢昭帝為人處世的道理。他教導漢昭帝熟讀《詩》、《書》、《禮》、《易》、《樂》和《春秋》，跟他講古代聖賢的故事。他讓漢昭帝學習古代君王的美德和治國的方法。霍光常告訴昭帝要厲行節約，提倡節儉，愛護百姓；同時，應任用有才華、為人誠實、正直的大臣，虛心聽取臣下的意見。霍光自己也提拔了一些有功勞、忠貞的大臣，委以重任。在輔佐昭帝的十三年裡，農業生產得到了恢復和發展，出現了經濟繁榮的景象。

漢昭帝二十一歲時病逝。國一日不能無君，霍光便和眾位大臣商議，立漢武帝的孫子劉賀為皇帝。但劉賀不務正事，整日只是吃喝玩樂，霍光對他失去了信心。

霍光想：為了國家的安危，必須廢掉劉賀。他召集大臣們一起商討，大家都認為劉賀如果繼續當皇帝，勢必會影響國家的安危，便讓霍光做出決定。霍光誠懇地說：「現在朝廷變成這樣，責任在我。我一定和大家一起努力來改變這樣的局面。」於是，霍光和大臣們上奏太后，請求廢掉劉賀。太后同意了。霍光和大臣們又一起商量，決定立漢武帝的曾孫劉詢為帝，他就是漢宣帝。

霍光依然沒有忘記自己的輔政大任，他教導十八歲的宣帝要愛民、要勤奮，教給他治國的方法和道理，希望他成為一位賢明的君主。漢宣帝在霍光的幫助下，兢兢業業、勵精圖治，把國家治理得很好。霍光功勞很大，但他絲毫不誇耀自己的功勞，他常對家人和其他官員說：「先帝讓我輔佐昭帝，我只能努力去做，而這遠遠不夠啊！我個人能力淺薄，尚且需要各位大臣的努力啊。好在先帝培養了一大批忠臣，大家一起努力，漢室天下必定會更加鞏固。」

霍光雖是一位大臣，可是在當時的情況下，他儼然是一國之君的風範，發揮了很大的領導作用。所以，可以說霍光也是具有「君德」的人。他功名顯赫，在輔佐了漢宣帝七、八年後，於漢宣帝地節二年（前六八年）病逝。漢宣帝、皇太后為霍光舉行了隆重的葬禮，把他葬在漢武帝的陵墓旁邊，可見他的功德之偉大。漢宣帝派人在霍光墓前立了一塊大石碑，記載了他一生的功德，以昭示後人。

居上不驕，在下不憂

【名言】

居上位而不驕，在下位而不憂。

——《文言》

【要義】

這是《文言》對《乾》卦九三爻辭所作的詮釋中的一部分。所引名言的意思是說，君子在上位而不驕傲自滿，在下位而不憂愁煩悶。

從爻畫來看，九三爻所預示的是事情還處於未成功的階段。這一階段，正如龍飛騰在半空，在上沒有上達天空，在下又脫離了地面，處於危險之地。在這種情況下，一定要小心謹慎，嚴守正道而不偏離，勤奮進取，不斷努力，注重修身養性。這樣，就沒有什麼災患，自身得以保全。

每一個人在宏大的宇宙洪流之下，都是一個相對渺小的存在。人的一生都將處於不同的時遇之下。面對世事變遷，如何安頓自身的生命和如何回應外在的世界依然是兩個不容迴避的問題。《文言》說：「君子進德修業。」「進德」，說的就是安頓我們自身的生命。「修業」，就是要正確回應外在的世界。而進德和修業的形成過程往往也是合一的。也就是說人在成長發展的過程中，應不斷涵養自己的德性，在此基礎上，才能不斷地開拓自身的事業，取得較高的成就。

人應該學會駕馭自身，注意與天地之大「時」的契合。要善始善終，要知進知退。作為君子，做事情應始終謹慎如一。當任高官時，不應因為官職高而放鬆對自己的要求，從而驕傲自滿。當自己懷才不遇，沒有受到重用的時候，不應悲傷失望，滿腹愁苦，仍要努力去做好應做的事。要做到嚴肅認真，謹小慎微，唯有這樣，才會更好地保全自身，從而有一番大的建樹，實現自己的人生理想和社會價值。

不管什麼時候，人都應勤奮，奮發圖強。懦弱、懶惰的人是不會有什麼成就的，一生往往是渾渾噩噩，碌碌無為。這樣的人生又有什麼意義？每一個人都要保持良好健康的心態，充分施展自己的才能，做生活中的強者。

【故事】

陶侃（侃音ㄎㄢˇ）是晉朝鄱陽（在今江西）人，幼年喪父，家境貧寒。他從小便勤奮好學，做事仔細認真。起初，他在郡裡做監察官。後來，他考取孝廉，來到了洛陽。豫章王的郎中令楊晫聽說陶侃人品、才學出眾，就把他推薦給中書侍郎顧榮。

太熙元年（二九〇年），晉武帝司馬炎去世後，東晉出現了司馬氏集團內部爭奪帝位的「八王之亂」。八王自相殘殺，從而導致戰禍不斷，百姓叫苦連天。與此同時，各地又發生了兵變和農民起義，因而晉王朝根基不穩，搖搖欲墜。

為了改變這種狀況，拯救國家，陶侃自告奮勇，轉戰沙場，立下了汗馬功勞，凱旋後被任命為荊州刺史。陶侃官場得意，一帆風順，引起了一些人的嫉妒和不滿。其中有個叫錢鳳的人是他的頂頭上司鎮東大將軍王敦的心腹，經常在王敦面前詆毀他，令陶侃十分氣憤。一次，他得知錢鳳又一次誹謗自己後，就去拜見王敦，想澄清是非，但為時已晚。王敦聽信了錢鳳的話，結果陶侃被貶了職，派往廣州做刺史。當時的廣州，遠離繁華，地處偏遠，一般官員都不願在那裡做官。陶侃無可奈何，忍氣吞聲離開江陵，轉赴廣州。

到了廣州，陶侃勤於政事，兢兢業業。由於事務不多，所以他每事必問。空閒下來的時候，他就去附近的村莊察訪民情，瞭解百姓疾苦。

在廣州，陶侃養成了一個獨特的習慣。每天清晨他在後花園舞完劍，總要把花園的一堆磚頭，一塊一塊地搬到花園外的一塊空地，傍晚時再搬回原地。一段時間後，大家都知道了這件事，但誰也不敢詢問原因。終於，有一天，有一個人大膽地問陶侃：「大人每天公務繁忙，夠辛苦的了，為什麼還要去搬弄那些無用的磚頭呢？」

陶侃聽了，微微一笑，長嘆一口氣，說道：「如今山河破碎，有志之士應該為恢復中原盡一份力。生活太安逸了，就容易消磨人的意志，將來怎能擔當重任呢？搬磚頭既能強身健體，又能鍛鍊意志，好處太多了。」

那人聽了，對他肅然起敬，說：「大人胸懷大志，實在令人欽佩。」

陶侃為官清廉，政績斐然，深得老百姓的愛戴。後來，朝廷考查官員的政務時知道了這一切。一些官員十分佩服他的品德和才能，極力向皇帝推薦他。晉明帝太寧三年（三二五年）五月，陶侃被委以重任——征西大將軍，管理荊州（今屬湖南）、湘州（今屬湖南）、雍州（今陝西中南部）、梁州（今陝西南部和湖北西北部）四州的軍務，同時任荊州刺史。當他到荊州赴任時，荊州大小官員及老百姓都趕來歡迎他，場面熱烈，令人感動。

陶侃有了較高的職位，名氣就更大了，但他並沒有因此而驕傲自滿，反而更加勤奮。每天清早，他按時來到官府，坐在案前批示公文。他手握毛筆，批批點點，常常是一鼓作氣地忙完。凡大小事情，他必親自過目，及時安排。遇到事務特別多的情況，他更是毫不懈怠，夜以繼日地工作。部下看他實在太辛勞，就勸他要注意休息，他總是說：「一會兒就忙完了。」

陶侃總是等到把手頭的公務全部處理完了才回房休息。有部下對他的行為很不理解，就問道：「大人何必如此操勞呢？」

陶侃笑著說：「我實在是捨不得讓時間白白地流走啊！你知道嗎，大禹是一位聖人，還要珍惜每一寸光陰。我們這些普通人，更應該愛惜每一份光陰才對。人生如夢，太短暫了，要珍惜時間，才能有所作為。活著如果不能對所處的時代有所貢獻，死後也不能留名後世，一輩子只是吃喝玩樂，活著又有什麼意義，豈不是虛度一生！」

日常，陶侃在飽讀詩書的同時，時刻注意自己的道德修養，從各方面嚴格要求自己。

一天，陶侃正忙著批改公文，管家前來報告：「老爺，門外有一官老爺要求拜見大人。」陶侃聽了，說道：「有請。」來人提著禮品，是想巴結陶侃，獲得升職。陶侃弄清楚他的來意後，十分氣憤，當面訓斥了他一頓，並讓他把禮品帶走，下令不許為這件事再來找他。

這件事過去後，大家都知道陶侃不收禮，一些本來想透過送禮達到不正當目的的人也就不敢上門了。過了一段時間，有一位農夫來到官府要求拜見陶侃，管家看到他帶著一些土產，就想把他打發走。正在這時，陶侃從廳堂走出來。他看到農夫，就上前和他打招呼。一番交談之後，便吩咐管家收下禮物，並準備厚禮答謝。農夫走後，管家百思不得其解，問陶侃：「大人不是不收禮嗎，今天這是為什麼？」

陶侃笑答：「和人交往，經常要互贈禮物，如果是自己勞動所得，即使很少，也要收下，並要用厚禮答謝別人的好意。這就是『來而無往非禮也』。如果送禮之人別有用心，就應該堅決謝絕。」一番話說得管家口服心服。

陶侃身為要官，極為關心百姓疾苦，尊重百姓的勞動果實。在繁忙的公務之餘，陶侃喜歡到郊外散步，一邊流覽田園風光，一邊察訪民情。

有一天，陶侃走到一片綠油油的稻田旁，看著這些農作物，他的心情格外舒暢。這時，有一個小夥子，跑到田裡拔了幾根稻穗，朝他走過來。陶侃上前問他：「小夥子，你拔人家田裡的稻穗做什麼呢？」那人笑嘻嘻地說：「不做什麼，玩玩而已。」陶侃聽了大為惱火，大聲斥責道：「你為何無緣無故地毀壞別人的莊稼？」年輕人不以為然，絲毫沒有悔悟之意。陶侃命令下屬把他抓起來，鞭打了一頓，直到他低頭認錯並且賠償損失，才把他放了。

陶侃雖身居要位，生活卻極為節儉，而且又很會精打細算。有一次，陶侃命令下屬把府裡一些木柴、竹頭過秤、記錄後，放入庫房。這些東西在庫房裡放了好長時間，管家幾次提出要清庫，陶侃都沒有應允。

這一年元旦，官府門前張燈結綵，煞是熱鬧。正逢雪後天晴，積雪融化了，道路變得泥濘不堪。車輛行過，泥水飛濺，行人很不方便。陶侃便讓人把庫房裡的木屑拿出來，鋪在路上。這樣，路就好走多了。同時，那些保存下來的竹頭也派上了用場。那年，大將桓溫要討伐西蜀，需要造船隻，急需竹釘。桓溫正準備派人到很遠的地方去伐竹時，陶侃得知了這一情況，忙命人將庫存的竹頭送了去，解了燃眉之急。

陶侃地位愈高，自己愈發謙虛謹慎。他不貪圖權勢，晚年身體多病，自知不能勝任其職。他幾次上書請求告老還鄉，但都被朝廷和部下挽留下來，直到病情加重，才獲准許。陶侃一生跌宕起伏，仍辛勤為國效力四十一年，勞苦功高，政績斐然，可謂功在當代，利在千秋。在他管轄過的地方，百姓安居樂業，豐衣足食。老百姓不曾忘記陶侃這一代清官，他的故事被到處傳誦。

同聲相應，同氣相求

【名言】

同聲相應，同氣相求。

——《文言》

【要義】

這是《文言》對《乾》卦九五爻辭所作的解釋。《乾》卦九五爻的爻辭云：「飛龍在天，利見大人。」意為：「龍飛於天上，適合見大人。」乾為純陽，故曰「同聲」、「同氣」。應，感應。求，追求。所引名言意思是說，相同的聲音相互感應，相同的氣息相互追求。這句話講的主要是同一類的事物自然就結合在一起了。現在我們一般用「同聲相應，同氣相求」來說明交友之道。

古語講，「千金易得，知己難求」，說明了交好朋友的重要性。《論語・學而》中說：「有朋自遠方來，不亦說乎？」唐甄說：「學貴得師，亦貴得友。師也者，猶行路之有導也；友也者，猶涉險之有助也。」（《潛書・講學》）大詩人李白認為「人生貴相知，何必金與錢」（《李太白集》卷十二〈贈友人〉），揭示了人生得到知己是寶貴的，它遠遠勝過其他物質財富。《繫辭上》中說：「二人同心，其利斷金；同心之言，其臭如蘭。」它說明了知己在一起時那種和諧美好的感覺。

人生在世，結交真正的朋友需要雙方共同以真心來對待。西漢李陵在〈答蘇武書〉中說：「人之相交，貴相知心。」《論語・學而》說：「與朋友交，言而有信。」莊子則以詩一樣的語言告訴我們交友應注意的事情。他說：「君子之交淡如水，小人之交甘若醴；君子淡以親，小人甘以絕。」（《莊子・山木》）他認為真正的君子應以道義、信義交朋友，這樣朋友之間的情誼才可以保持長久。對此，梁紹壬在《論交》中提出相同的觀點：「結交貴肝膽，或則尚道義。」朋友之間應講道義，對待朋友要誠心，這樣的友情才是真誠、可貴的。

交友時，既要奉獻自己的誠心，也要慎重。荀子說：「匹夫不可以不慎取友。」（《荀子・大略》）顏之推說：「與善人居，如入芝蘭之室，久而自芳也；與惡人居，如入鮑魚之肆，久而自臭也。……君子必慎交遊焉。」（《顏世家訓・慕賢》）他認為，和具有美德的人交朋友就會身受其益，也有利於自身德性的提升，交這樣的朋友才是正確的選擇。所以，交友必須慎重地選擇。

人不僅自己要有高尚的品德，還要結識有美德的朋友，共同切磋，共同提升。交朋友是我們為人處世生活中不可缺少的一部分。有了知己，有了好朋友，我們的人生也會變得豐富多彩。珍惜朋友的情誼，人生的路也會走得更穩、更順心。

【故事】

春秋時期，楚國有個名叫伯牙的人，他從小就喜歡音樂。待他到了二十歲，便跟隨當地聲望很高的琴師成連學習彈奏「七弦琴」。伯牙專心學琴，刻苦學習了整整三年。他練琴之餘，也嘗試作曲，但水準很普通。他自己也感覺沒有靈感的衝動。三年下來，彈琴的技藝也沒有得到很大的提高。

一天，伯牙突發奇想，想創作一首關於海的曲子。他整日冥思苦想，依然沒有寫出一個音符。他心情很鬱悶，百思不得其解。老師成連看到學生這個樣子，便啟發他說：「你想創作關於海的曲子，只有親眼看到大海，才會引發你的創作靈感。讓我帶你去蓬萊仙島上瞧一瞧吧！」於是，師徒兩人來到了蓬萊仙島。過了幾天，成連便離開伯牙，去見老師方子春去了。在島上，伯牙每天觀看大海，面對寬闊的大海，迎風撫琴，好不愜意！

這一天，伯牙在海灘散步，突然間狂風大作，電閃雷鳴，暴雨傾盆而下，風聲、雨聲、雷聲、波濤聲合在一起，很是壯觀。這一情景給伯牙帶來了靈感。他趕快跑回居住的地方，拿出七弦琴彈起來。真是奇怪，伯牙竟然把自己一直想創作的曲子流暢地彈了出來。伯牙自己很高興，他撫琴大喊：「我終於作出了我的曲子！」後來，他把這首曲子命名為〈高山流水〉。

此後，伯牙又作了許多曲子。但他自己最滿意的還是這首〈高山流水〉，他經常彈給別人聽，但很少有人能聽得懂。

有一次，伯牙聽人說有一個叫鍾子期的人技藝很高，能聽懂樂曲，便慕名拜訪。伯牙找到鍾子期，鍾子期恭敬地把伯牙請到他家裡。伯牙把琴放好，便彈起來。琴聲響起來了，伯牙腦子裡都是高山的形象。鍾子期閉上眼睛，屏氣凝神，細細品味。伯牙彈完了一段，鍾子期高聲讚嘆道：「真是太美妙了，琴聲氣勢磅礴，就像挺拔雄偉的泰山！」

伯牙聽後心裡一喜，但他沒言語，繼續彈下一段。這時，他想到了嘩嘩的流水聲。只聽琴聲一會兒高遠，一會兒又低沉，猶如瀑布從天而降，氣勢逼人，又似山間溪水緩緩而流，清澈透亮。鍾子期聽得著了迷，待伯牙彈完了好一會兒，他才回過神來。他敬佩地看了看伯牙，懇切地說：「您的曲子太高妙了，我彷彿見到了煙波縈繞、深而寬廣的流水啊！」伯牙聽了，很是激動，他用手拍了拍鍾子期的背說：「您真是我的知音啊！」

於是，伯牙留在鍾子期那裡大談音樂之美，幾天幾夜不休息仍不覺得疲累。經過一番交談，伯牙已把鍾子期視為自己的知音了，並虛心向鍾子期學習音樂。鍾子期也很欣賞伯牙的才華，兩人靜下心來，互相切磋，彼此增益不少。

伯牙要離開鍾子期了，他和鍾子期約好，一年後再相會。一年過去了，伯牙彈琴的技藝有了很大的進步。那天，伯牙又來找鍾子期，才得知不久前鍾子期已經去世了。伯牙跑到鍾子期的墓前，號啕大哭。他痛惜失去了這樣一位好朋友。伯牙忍著悲痛，為鍾子期又彈奏了一遍〈高山流水〉。他彷彿看到了鍾子期的笑容，聽到了鍾子期對自己的讚揚。彈完曲子，伯牙想：「在這個世界上，只有子期能聽懂我的曲子。現在子期已經不在了，我再彈琴作曲又有什麼意義呢？又有誰來聽呢？罷！罷！罷！」想到這裡，傷心欲絕的伯牙將琴高高舉起，朝地上狠狠摔去。琴雖然摔壞了，但是與鍾子期的友情依然存在於伯牙的心中，永遠難忘。

君子學、問、寬、仁

【名言】

君子學以聚之，問以辯之，寬以居之，仁以行之。

——《文言》

【要義】

這是《文言》對《乾》卦九二爻的爻辭所作的解釋。聚，會、累積。辯，同「辨」，明辨是非。寬，寬宏大量。九二爻居中，於社會人事而言，指事業尚處於發展的階段。在這一階段人們要蓄積力量，積極努力。所引名言的意思是說，君子學習以聚積知識，互相詰問以明辨是非，寬宏大量與人相處，為人處事處處體現仁的品格。

人生在世，學問二字很是重要，而這需要天天讀書學習。讀書意志要堅定，要有遠大的志向，不能半途而廢。人的一生是有限的，而知識是無限的。所以，人應刻苦學習，努力攀登學習的高峰。孔子弟子子夏說過：「博學而篤志，切問而近思，仁在其中矣。」（《論語．子張》）揚雄認為，學習是透過知識來尋求君子之道的。他說：「學者，所以求為君子也。」（《法言．學行》）諸葛亮認為，「非學無以廣才，非志無以成學」（《諸葛亮集》卷一《誡子書》）。張載也闡述了志於學的重要性。他說：「志學然後可與適道，強禮然後可與立，不惑然後可與權。」（《張載集．正蒙．中正》）他又認為學習應專心致志，「人若志趣不遠，心不在焉，雖學無成」（《張載集．經學理窟．義理》）。

同時，寬以待人，也是很重要的。古人認為，人應心胸寬廣，寬厚待人，與人為善，保持良好的關係。荀子對此作了精闢的論述。他說：「故君子之度己則以繩，接人則用枻（枻音ㄝˋ，牽引之意）。度己以繩，故足以為天下法則矣；接人用枻，故能寬容，因求以成天下之大事矣。故君子賢而能容罷，知而能容愚，博而能容淺，粹而能容雜，夫是之謂兼術。」（《荀子．非相》）「嚴於律己，寬以待人」，這話說得是多麼有道理啊！

君子注重修身養性，為人處事應體現仁的品格。由於仁有豐富的道德內涵，所以人只要遵循德性的要求為人處事，在日常生活中也能時時踐行仁。這樣做，既可使自己內心安寧、光明通暢，成就自己德性的精神生命，也有利於開拓自己的事業。

【故事】

呂蒙是三國時期吳國的大將。他曾經跟隨孫權轉戰各地，官任橫野中郎將；後來又和大將周瑜、程普等大破曹操於赤壁，素以英勇善戰著稱。

呂蒙小時候家境貧寒，沒有機會學習，所以沒有文化。正是因為這樣，他常常被人瞧不起，甚至被人取笑。他自己也為年少時沒有趕緊學習而感到後悔不已。一天，孫權見呂蒙悶悶不樂，便問他有什麼心事。呂蒙便把自己的不快告訴了孫權。孫權很喜愛這員猛將，但也早就感到他缺少學識，美中不足。於是他真誠地勸呂蒙下決心，從現在起好好用功學習，特別希望他多讀史書和兵書，以彌補自己的不足。聽了孫權的勸告，呂蒙覺得有了信心，便開始發憤讀書，幾乎把所有空餘時間都用在了讀書上，有時到了廢寢忘食的程度。

這時的呂蒙已經是三十多歲的人了。到了這個年齡再重新學習，自然有不少困難。但是，呂蒙拿出了戰場上作戰的勇猛精神，來對待學習中的困難，絕不遇難而退。經過一番刻苦努力，呂蒙進步很快，懂得了不少的事情，說話辦事也比以前強多了。

吳國有一位大將叫魯肅，他一向瞧不起呂蒙這個大老粗，經常在各種場合奚落他，往往弄得呂蒙很狼狽。後來，魯肅當了吳國的軍事統帥，更是不可一世，對呂蒙還是以老眼光看待。

一天，魯肅突然心血來潮，又想藉與呂蒙談話的機會來取笑他，開開心。魯肅向呂蒙提了幾個問題後，便捻著鬍鬚洋洋得意地期待著看呂蒙的笑話。可是沒料到，他所提的問題被呂蒙一一對答出來。魯肅頓時很覺尷尬，臉上一陣火辣辣的，半天才說：「呂將軍！我原以為你還是個勇猛的阿蒙，哪知道你已經很有學問了，已經不是當年的阿蒙了。」

呂蒙說：「士別三日，就應刮目相看。我現在用功學習，已經比以前有很大進步了。」

呂蒙不僅好學，而且胸懷寬廣，待人很寬厚。

漢獻帝建安二十二年（二一七年），魯肅死後，孫權任命呂蒙為左護軍虎威將軍，代魯肅率軍西屯陸口（今湖北蒲圻）。呂蒙在駐屯陸口期間，其部屬常有一些不法行為。江夏（今湖北安陸北）太守蔡遺只要知道了，從不正面在呂蒙面前談論這些事情，專打小報告，弄得呂蒙很難堪。但是，呂蒙對此事並不記恨，反而採取有效措施對部屬嚴加約束，從而使部隊違法亂紀的事情大大減少。

後來，豫章（今江西南昌）太守顧邵死了，孫權要呂蒙推薦一名官員充任此職。呂蒙根據他平時所掌握的情況，就提名蔡遺。孫權當然知道蔡遺平時對呂蒙的態度，但還是接納了呂蒙的建議，任命蔡遺做了豫章太守。

呂蒙部下有一位將軍，名叫甘寧，起初依附劉表，後來追隨孫權。此人粗暴好殺，我行我素，經常違背呂蒙和孫權的命令。因此，孫權對他很是惱火。但呂蒙卻對孫權說：「現在天下尚未安定，像甘寧這樣驍勇善戰的將領很難得，應該諒解他、重用他。」

在之後的多次戰役中，甘寧都英勇作戰，屢建奇功，為東吳鼎足江東貢獻頗多。孫權對他進行了嘉獎，拜他為西陵（屬宜都郡，故治為今湖北宜昌）太守。後來，甘寧跟從孫權攻打安徽，立了大功，被拜為折衝將軍。

對於呂蒙來說，蔡遺和甘寧這兩個人，一個向上級打過自己的「小報告」，一個有點不聽差遣，但在對待他們兩人的任用上，呂蒙卻能秉公辦事，不挾私怨，盡他們之所長。他這種胸懷寬廣、對人不求全責備的處世態度，很值得後人學習。

敬義立而德不孤

【名言】

君子敬以直內，義以方外，敬義立而德不孤。

——《文言》

【要義】

這是《文言》對《坤》卦六二爻的爻辭所作的詮釋。《坤》卦六二爻爻辭為「直、方、大，不習，無不利」，意思是說對走路而言，直行、橫行皆一望無際，不熟悉道路也沒有什麼不利的。敬，指敬人，以禮待人。內，內心。義，言行合乎正義，篤守正義。外，外物。直，使……正直。方，使……方正。孤，孤立。所引名言意思是說君子以恭敬謹慎的態度使內心正直，用正義的準則來端正外在的行為，做到「敬」

與「義」，道德就不孤立了。

中華民族歷來是講究文明和崇尚道德的。以禮敬人是最基本的道德修養。要自謙，要敬人。尊敬他人，也會贏得別人對自己的敬重。《管子．小稱》中講：「修恭遜、敬愛、辭讓、除怨、無爭，以相逆也，則不失於人矣。嘗試多怨爭利，相為不遜，則不得其身。大哉！恭遜敬愛之道。」唐甄在《潛書．敬修》中講到「敬」的功夫。「能敬者，與覺俱在，與息俱存。與覺俱在，故心無散時；與息俱存，故氣無暴時。心無散時，氣無暴時，是為能敬。謹慎，敬也，而敬不盡於謹慎。溫恭，敬也，而敬不盡於溫恭。……敬者，止欲於未萌，消欲於既生；防縱於未形，反縱於既行；所以保其心而納於禮度者也。」他認為「敬」與知覺同在，與生命同在，人的一生都離不開敬人。敬不僅侷限於謹慎、溫恭等方面，還要做到最深的功夫，使言行舉止都合乎禮儀的規範和尺度。

義是儒家提倡的仁、義、禮、智、信「五常」之一，是處理人與人之間關係的基本道德準則，是為人處世之本。孟子說：「人皆有所不為，達之於其所為，義也。……人能充無受爾汝之實，無所往而不為義也。」（《孟子．盡心下》）他認為每個人都有自己不肯做的事，把這種心態擴展到自己願意做的事情上，這就是義，人如果能把不做挖洞跳牆之事的心態擴而充之，他就會有用不完的義。人如果能在任何時候都沒有讓別人覺得輕賤的言行舉止，那就無論到什麼地方都是合乎義的。

做到了敬與義，既有利於自身的道德修養，也影響到別人人格的塑造，這樣道德就不再孤立了。人與人之間相互影響，整個社會的道德水準就會得到提高，呈現一片「道德至上」的良好氣氛。

【故事】

荀巨伯是東漢桓帝時的賢士。他心地善良，待人熱情。尤其是對朋友，他更是重信重義。

荀巨伯飽讀詩書，學識淵博。從經書中，他學到了人之為人之道。他特別喜愛孔子的「仁義」學說，在實際生活中也以仁義為標準來嚴格要求自己。他喜歡和正直的人交朋友，也看重朋友之間的信義。他總是以一顆仁愛之心來對待朋友，因而和他交友的人愈來愈多。

一天，一位遠在千里的朋友派人捎信給他說：「近日小弟很是思念兄長，只因重病在身，路途遙遠，不能前去拜訪，心中很是慚愧，望兄見諒。」荀巨伯見信後，很是焦急。他打點行裝，把家裡事務安排好，第二天一早就出發了，要去探望朋友。

荀巨伯日夜兼程，披星戴月，走了近一個月的路才來到朋友住的郡縣。只見城門大開，街上許多店舖都已關門。寬闊的街道上冷冷清清，空無一人，荀巨伯覺得很奇怪。他不顧路途的顛簸和勞累，直奔朋友的家而去。

進了門，荀巨伯沒有發現朋友的蹤跡。他喊了幾聲朋友的名字，仍不見有回應。他的心涼了半截：怕是出了什麼事了吧？他四下尋找，終於在臥室陰暗的床上發現了朋友。只見朋友緊閉雙眼，呼吸似有似無，已處於昏迷狀態。荀巨伯找到了水缸，用碗舀了點水，輕輕地灌進朋友的嘴裡。有了水的滋潤，朋友漸漸清醒過來。他看清了荀巨伯的模樣，眼淚奪眶而出：「兄長怎麼來了？眼下胡兵要來攻城，滿城的人只要能走得動路的，都跑光了。小弟現在是不行了，兄長快快離開吧！」

荀巨伯這才明白過來，他微微一笑，說道：「怕他們胡兵幹什麼？我知道你病了，就跑來探望。現在你身邊沒有人侍候，就讓愚兄代勞吧！」

朋友很受感動，但依然堅持說：「兄長還是快走吧，胡兵殺人不眨眼，何苦為了小弟白搭上性命？兄長快走吧！」一時心急，差點又昏迷過去。

荀巨伯見狀，語重心長地說：「我從千里之外趕到這裡，就是為了看望你，照顧你。現在你病成這樣，你讓我一個人走，敗壞朋友之間的信義以求活命，難道是我荀巨伯所能做出來的嗎？」荀巨伯的話說得朋友心裡一陣激動。朋友不再堅持，他握著荀巨伯的手，說不出話來，彼此深深地點了點頭。

荀巨伯為朋友做了點吃的，朋友精神好了許多。兩人又談起話來，談得正高興時，胡兵開始攻城了。由於無人阻撓，胡兵不費吹灰之力就攻佔了這座城市，開始四下搜查。一群胡兵來到了荀巨伯朋友的屋子，見到兩人正在談笑風生。其中，一個小頭領，手握大刀，大聲對荀巨伯喊道：「我們大軍到了，整座城的人都逃走了，你們是什麼人，竟敢留在這裡？」

荀巨伯毫無懼意，義正詞嚴地說：「我是荀巨伯，朋友臥病在床，實在不忍心丟下他不管。請不要傷害我的朋友，我寧願以我的身體換取朋友的性命。」這位頭領聽了很是佩服。原來，在胡人之中，朋友之間是特別注重信義的。他沒有想到漢人也是如此。他看到了這位文弱書生的凜凜正氣，就對下屬說：「我等無義之人不應該侵入這等講仁義道德的國家，撤兵！」於是，胡人軍隊為荀巨伯的精神所震撼，撤回他們的國家去了，整個城池也得以保全。

朋友緊緊拉住荀巨伯之手，顫聲說道：「兄長待我如生身父母，願和兄長結為生死之交。願為兄長赴湯蹈火，在所不辭。」

荀巨伯說：「不用說這麼多了，先把身子養好再說！」於是荀巨伯便安下心來為朋友治病。接下來的日子，他冒死護友的事蹟也傳播了開來，成為美談。

此後，有更多的人跑來和荀巨伯交朋友。荀巨伯和朋友們一起讀書，談天說地，生活變得更加多采多姿了。

窮上反下，受之以復

【名言】

剝者，剝也。物不可以終盡剝，窮上反下，故受之以復。

——《序卦》

【要義】

這是《序卦》中的一句話。

《序卦》是對六十四卦及其排列的客觀根據之總體說明，解釋了卦與卦之間的關聯。儘管《序卦》的解釋有牽強附會之處，但仍可為我們理解六十四卦提供一種有效的視角。

所引名言對《剝》卦進行了說明。《剝》卦下體為坤，上體為艮，坤為地，艮為山。雖然山高地卑，但山還要依附於地，有剝落之義。從爻畫上看，《剝》卦五陰爻居下，一陽爻在上，有五陰剝落一陽之義。故此卦是剝落之卦，其卦爻辭皆圍繞剝落而作。窮上，指《剝》卦一陽居上而窮盡。反下，指《復》卦一陽復於初爻。反，復。《復》卦一陽於五陰之下，有一陽復返之義。所引名言的意思是說：剝，剝落。萬物不會永遠極盡剝落。上窮盡必復返於下，所以繼之以《復》。它告訴我們，事物的發展不是一成不變的，要注意轉化的道理。《雜卦》講：「損益，盛衰之始也。」認為《損》卦是減損《泰》卦下而增益其上，而《泰》為盛，所以《損》卦是衰敗的開始。《益》卦是減損《否》卦上而增益其下，而《否（音ㄆㄧˇ）》為衰，所以《益》卦是興盛的開始。這裡說的是盛衰能夠互相轉變的道理。《雜卦》又講：「否泰，反其類也。」認為《否》卦和《泰》卦卦畫相反，可以互相轉化，成語「否極泰來」說的就是這個意思。

在日常生活中，常常存在許多變化。譬如，在做一件好事的時候，如果不注意方式的運用，好事最終可能會變成壞事。同樣的道理，假如已經做錯了事，如果努力挽救，或許會避免損失，甚至把壞事變成好事。或者，自己本身不去做什麼事，順其自然，所遭遇的事情在整個世界的變化中也受到了影響、發生了變化。這就是說，人生本來就是富於變化的，假如我們遇到了困難，一定不要氣餒。要創造機會，等待事情的轉機。或者，順其自然，暫時不去管它，潛心去做別的事情。另一方面，假如遇到喜事，也不要沾沾自喜，以免得意忘形，引來不必要的麻煩。

簡而言之，人生本來就是充滿不確定因素的，正是這些未知的東西引發了我們對人生的興趣，引導著我們去放飛理想，追求美好的人生。而順其自然，為所當為，不失是一種很好的處世方式。

【故事】

商朝的最後一個國君是紂王。紂王剛做國君之時，國泰民安，天下無事。在這樣的情況下，紂王只想著恣意享樂。他寵幸美女妲己，做盡了壞事。

紂王有三公，分別是鬼侯、鄂侯和西伯侯。西伯侯即姬昌，就是後來的周文王。鬼侯為了顯示對紂王的忠誠，把自己的女兒獻給了紂王。他的女兒端莊美麗，不會像妲己那樣討紂王的歡心，所以不久就被害死了。紂王又遷怒於鬼侯，把鬼侯也殺了。鄂侯知道了，向紂王大呼鬼侯冤枉，惹怒了紂王，紂王命人把鄂侯也殺死了，還把他的肉曬成了肉乾。西伯侯姬昌知道了這些事情，又親眼目睹紂王繼續荒淫無道，心急如焚，但又不敢直言，害怕招來殺身之禍。

一天，姬昌心情煩悶，不禁多喝了幾杯。醉酒以後，他發了頓牢騷，來發洩對紂王的不滿。不料隔牆有耳，奸臣崇侯虎將這件事報告了紂王。他說：「大王要防著西伯一點，他平時好收買人心，許多諸侯都心向著他。大王這次殺了鬼侯和鄂侯，他卻在那裡發牢騷，將來怕是對大王不利呢！」紂王聽了，非常生氣，馬上派人將姬昌抓起來，拘禁在羑（音ㄧㄡˇ）里（今河南湯陰北）這個地方。羑里是殷朝最大的監獄。牢房很潮濕，只在屋頂開了個小窗，平常人插翅也難飛。

姬昌的幾位臣子知道了消息，很是著急，趕緊去羑里看望姬昌。因為守衛森嚴，姬昌和臣子們只能說些無關緊要的話。眼看分別的時間快到了，姬昌想出了個好主意。他向臣子們眨了眨右眼，意思是說，紂王很好色，要找些美女獻給他。他又拿了一只弓把來敲了敲自己的肚皮，意思是說紂王還想要自己的金銀財寶，一定要獻給他。他又在地上急促地來回跺腳，意思是說，要快啊，晚了性命就難保了。臣子們知道了姬昌的意思，就趕緊回去了。

為了救父親，姬昌的長子伯邑考前往都城朝歌（今河南淇縣），向紂王獻了幾件寶物。但在妲己的指使下，紂王竟將伯邑考活活煮死。紂王聽人說姬昌是個先知先覺的聖人，有著特殊智慧，能預知事情，就命人用伯邑考的肉做成肉包子送給姬昌，逼他吃下去，以此來檢驗一下傳言是否可信。若姬昌不吃，就說明他的確能預知未來，一定要把他殺掉，以絕後患。

紂王的侍從們給姬昌送來了肉包，姬昌知道這是自己親生兒子的肉做成的包子，他痛徹心肺。但他知道，如果不吃，紂王必會為難自己。為了有朝一日能脫離牢籠，姬昌強壓悲憤，在心中默念：「伯邑考，伯邑考，我的好兒子，為了西岐百姓，原諒父親吧。」他不動聲色地把包子吃了下去。侍從們回去稟報了紂王，紂王對姬昌的戒備之心便少了幾分。侍從們一離開，姬昌的兩行熱淚便忍不住流了下來，痛哭失聲。突然，他感到胃裡一陣難受，「哇」地一聲把剛吃下去的包子全吐了出來。面對兒子的血肉，他暗暗發誓要忍辱負重，直到等到被釋放的那一天。在羑里的日子，姬昌一刻也沒有忘記自己的臣民，面對紂王的暴虐，他希望自己能夠得救，然後拯救百姓於水火之中。不久，姬昌的臣子買通紂王的寵臣，向紂王獻上了許多奇珍異寶。這下紂王可高興了，加上氣也消了，就同意釋放姬昌。

姬昌獲得了自由，很快回到了家鄉西岐。姬昌是個仁慈之人，他廣泛推行仁政，把自己的領地治理得很好。

後來，紂王囚禁了叔父箕子，殺了比干，他的暴行更激起了朝野上下的憤慨。許多人怕紂王的屠刀波及到自身，紛紛背井離鄉，來到西岐，投奔姬昌。

姬昌得到許多人的擁護，國力一天天強大。後來，他請了賢能的姜子牙輔佐自己治理國家，國勢蒸蒸日上。

但遺憾的是，滅商的大計還沒有實施，姬昌就去世了。但正是因為他的努力、他的貢獻，為兒子武王討伐紂王打下了一個堅實的基礎。也正是由於他在羑里的忍辱負重，等待事情的轉機，他才能做到這一切。否則，若當時一味頂撞紂王，後果就不堪設想了。

否泰反其類

【名言】

否泰，反其類也。

——《雜卦》

【要義】

反其類，《泰》、《否》卦畫相反，《否》反成《泰》，《泰》反成《否》，其事類相反。

這句話告訴我們，生活本來就是充滿變化的。好事可以變成壞事，壞事也可以變成好事。所以，假如我們遇到挫折或遭遇不幸的時候，不要灰心失望；好事來臨的時候也不要過於張狂，應遠離大喜大悲，以一顆平常心來對待這變化多端的世界。

【故事】

古時候，西北邊境上住著一位老人，人們稱他塞翁。

塞翁家裡有一匹馬，他對馬非常愛惜，細心地餵養牠。有一天，他去餵馬時發現馬丟了，便四處尋找。同村有的人告訴他，看見馬向塞外跑去了，攔也攔不住牠。鄰居們知道了這件事，都來安慰他。可是塞翁很平靜，一點也不著急。他笑著對鄰居們說：「丟失了一匹馬沒有關係，但又怎能知道這不會變成一件好事呢？」鄰居們見他這樣說，也就放了心，各自回家了。

日子一天天地過去，丟了馬的塞翁依然日出而作，日落而息，平靜的生活一如往昔。可是有一天，那匹馬自己跑了回來，而且還帶回來一匹匈奴的駿馬。鄰居們知道了這件事，都趕來向他祝賀。但塞翁仍是一臉的平靜，他拍了拍那匹駿馬的馬背，若有所思地說：「雖然白白得到一匹好馬，又怎能知道這不會變成一件壞事呢？大家都回去吧，這件事本來就沒有什麼可以值得慶賀的。」鄰居們聽了，覺得塞翁怪怪的，但又不知道該說些什麼，便一同離開了。

塞翁有個兒子很喜歡騎馬。以前出門時，他常騎自家的那匹馬。現在，他看到有了這樣一匹好馬，每次出門必定要騎上牠。有一天，他又騎馬出去遊玩，途中不小心從馬上摔下來，把腿摔斷了。鄰居們發現了他，就把他抬回家，並不斷地安慰塞翁。

可是，塞翁一點都不難過。他一面請人醫治兒子的傷，一面對鄰居們說：「感謝大夥兒救了我兒子一命。沒有關係，孩子的腿雖然摔斷了，但又怎知道這不會成為一件好事呢？」鄰居們更感到奇怪了，他們認為可能發生的事情太多，所以塞翁變得糊塗了。他們對這一家人充滿了同情，嘆了嘆氣，各自回了家。

日子一天天地過去了，生活看來是比較平穩的。塞翁兒子的腿終究沒有治好，他成了個瘸子。塞翁依然是一副沒有憂愁的模樣，每天下田工作，回家後悉心照料兒子。不久以後，匈奴兵大舉入侵，邊塞上的青壯年都被徵去當兵了，因為塞翁的兒子傷了腿，所以沒有去當兵。戰爭太殘酷了，這批從軍的青壯年絕大多數死在戰場上，而塞翁的兒子很幸運地保住了性命，得以和老父親相依為命，繼續過著與世無爭的生活。

革故鼎新

【名言】

革，去故也；鼎，取新也。

——《雜卦》

【要義】

《革》卦有改革、更新之義，故曰「去故」。故，指舊有。《鼎》卦上體為離，下體為巽，火在上，巽木生之，有鼎烹飪之象，鼎烹飪待熟而取新。所引名言的意思是說：革，去除故舊；鼎，取其新義。說的是改革的道理。

《繫辭》說「天地之大德日生」，認為天地最大的德性是生，是化生萬物，而生生不息是天道的本質功能。天地有化生之德，借助陰陽的消長盈虛和交感，從而化生宇宙萬物，並使整個宇宙處於不斷地流變過程中，天地間生機一片。萬事萬物只有在消息盈虛曲伸變化中才能不斷地完善和前進。在充滿著勃勃生機的宇宙中，人更應該滿懷信心與勇氣，去積極進取、大膽開拓。

《繫辭》又說「日新之謂盛德」，注重更新的作用。《大學》也說：「湯之《盤銘》曰：『苟日新，日日新，又日新。』」它指出，如果每天能夠自新，並堅持天天自新，就能永遠自新。是啊，人如果能夠堅持像天天洗臉一樣以持之以恆的精神去做一番事業，該是多麼有意義啊！這就表示人應自強不息，效法《乾》卦之象，保持剛健進取的精神，有所作為，並不斷自新，意識到自己的缺點與不足，加以相應的改正和彌補。

對於一個社會而言，「取新」的意義就更大了。一個社會之所以會存在，必有其合理性。若社會符合時代的要求和歷史發展的趨勢，自身有很大的發展潛力，那麼，它的前途是有希望的、是美好的。反之亦然。一個正處於發展高峰的國家必然具有調節自身的力量，它能因應時代發展的不同要求，因應外在世界的變化，做出相應的調整。但是，如果一個國家墨守成規、不重變更，有時會在各種因素的作用下使國家機器處於癱瘓狀態，國家就會出現混亂的狀況。在這種情況下，就更應該創新。只有革故鼎新，國家才能不斷地自我完善、自我發展，才能使自身趨於合理並保持生機和活力。《大學》中講：「《詩》曰：『周雖舊邦，其命維新。』」它指出如果能夠秉承天命，除舊佈新，國家仍能保持旺盛的生命力，不斷地發展下去。

作為萬物之靈的人，往往能根據外界的變化而調整自己的行為方式。那麼作為一個國家要想擁有頑強的生存能力，更應適時地進行變革與創新，於變中求生存、在變中求發展。

【故事】

周顯王七年（前三六二年），秦獻公的兒子渠梁即位，就是秦孝公。那時是戰國初期，秦國國力雖然比以前有所增強，但與其他六國——齊、楚、燕、韓、趙、魏比起來，在各方面都很落後，尤其是在政治和軍事上不佔任何優勢。孝公年輕有為，他立志改變秦國當前的不利局勢。他思慮良久，下了一道求賢的命令：本國國力較弱，不管是本國的臣子還是別國的賓客，誰要是有辦法使本國富強起來，本王就重用他，並予以厚賞。

命令一下達，就在百姓中很快傳開了，引起了一個名叫公孫鞅（鞅音ㄧㄤ）的人很大的興趣。那時公孫鞅正在魏國做門客，希望施展自己的才華，正苦於沒有機會呢。他得知這一消息，欣喜若狂，認為施展抱負的時候到了，就打點好行李，來到秦國。

見到秦孝公，公孫鞅便把自己了然於胸的治國理論一條一條地說了出來。秦孝公也是位聰明的國君，當公孫鞅講到以禮治國時，他搖搖頭說：「以禮治國雖好，但現在不適合我國的情況。先生還有沒有別的治國良策呢？」

公孫鞅說：「既然大王對此不滿意，臣認為還有一些應當是適合您的心意的。」於是，公孫鞅接著說：「要想使秦國富足起來，必須重視發展農業。要想強大，必須獎勵英勇善戰的將士殺敵。要想治理好國家，必須要制定法令，依法辦事，賞罰分明。」

孝公覺得他說的很有道理，就讓他去準備新法令的制定工作。可是，秦國的一些貴族和大臣卻認為實行新法令將會威脅到他們自身的利益，因而表示強烈的反對。過了一段時間，等大臣們的反對聲漸漸變小的時候，孝公即拜公孫鞅為左庶長，讓他全權負責變法的大事。

公孫鞅起草了一個新法令。為了讓老百姓相信新法，相信朝廷的權威，公孫鞅在新法頒佈的前一天，派人在都城南門立了一根三丈高的木頭，並宣佈：「誰能把這根木頭扛到城北門去，就賞他十兩金子。」

許多老百姓都趕來看熱鬧。大家議論紛紛，認為其中有詐，沒有一個人站出來扛木頭。看到這種情況，公孫鞅又下令說：「誰能把木頭扛到北門去，賞金五十兩。」這下，更沒有人敢相信了，人群騷動起來。

正在這時，人群裡閃出一個年輕人。他走上前去，對守衛在木頭旁邊的官員說道：「我來扛吧！」他把木頭扛在肩上，向北門走去。不一會兒的工夫，年輕人就來到了北門。公孫鞅已在那裡等候多時了。年輕人放下木頭，公孫鞅馬上賞給他五十兩金子，這件事很快就傳遍秦國，百姓們都知道新上任的左庶長說話算數，朝廷的權威得以樹立。

公孫鞅抓住時機，馬上把新法令發佈出去。新法令規定獎勵軍功：今後，將士們官職的大小和爵位高低的衡量標準不再靠出身門第，而應根據在戰場上殺敵多少、立功大小來決定。立了大功的平民也可加官晉爵。獎勵生產：凡是勤於耕種、紡織、能向國家多交糧食和布匹的，可以免除一年的徭役；因經商、懶惰而貧窮的則沒收其家產，送到官府裡當奴僕。

新法令推行後，激勵了將士們。他們勤於練兵，在戰場上英勇作戰，士氣高漲。農民也安心生產，國家形勢有所好轉。

不久，公孫鞅在孝公的支持下又進行了第二次改革。這次改革，有三方面內容：廢井田、開阡陌、獎勵墾荒，誰開墾的荒地就歸誰所有。建立地方行政機構。除貴族的領地外，其餘地方分為三十一個縣，由朝廷任命縣令、縣丞，負責管理全縣事務。遷都咸陽。並規定：不論王公貴族，還是普通百姓，凡是犯法者，一律依法懲治。

新法觸犯了一些貴族的利益，但他們不敢公開反對，便想法給公孫鞅出難題。有人便慫恿太子犯法。

太子犯了法，如今該如何處置呢？

這讓公孫鞅左右為難。他思慮良久，對孝公說：「我們的改革若是想有成效，需從大王您做起。如今太子犯了法，也應該受到懲罰。但太子年幼，犯了法與兩位老師指導無方有關。臣建議治他們的罪。」

孝公同意了。公孫鞅對太子的兩位老師依法治了罪，割了公孫虔的鼻子，在公孫賈臉上刺了字。這樣一來，貴族們真的害怕了，也就不敢違抗新法了。

新法令推行了幾年後，取得了很大的成效。農業發展了，經濟繁榮了，軍事力量強大了，國力強盛了，秦國一躍成為當時的強國。於是，其他諸侯國也主動派使者出使到秦國，與秦國保持良好關係。

智慧中國

01	莊子的智慧	葉　舟	定價：240元
01-1	莊子的智慧 - 軟皮精裝版	葉　舟	定價：280元
02	老子的智慧	葉　舟	定價：240元
02-1	老子的智慧 - 軟皮精裝版	葉　舟	定價：280元
03	易經的智慧	葉　舟	定價：240元
03-1	易經的智慧 - 軟皮精裝版	葉　舟	定價：280元
04	論語的智慧	葉　舟	定價：240元
04-1	論語的智慧 - 軟皮精裝版	葉　舟	定價：280元
05	佛經的智慧	葉　舟	定價：240元
06	法家的智慧	張　易	定價：240元
07	兵家的智慧	葉　舟	定價：240元
08	帝王的智慧	葉　舟	定價：240元

先秦經典智慧名言故事

張樹驊主編　沈兵稚副主編

01	《老子》《莊子》智慧名言故事	林忠軍	定價：240元
02	《孫子兵法》智慧名言故事	張頌之	定價：240元
03	《詩經》智慧名言故事	楊曉偉	定價：240元
04	《周易》智慧名言故事	李秋麗	定價：240元
05	《論語》智慧名言故事	王佃利	定價：240元
06	《孟子》智慧名言故事	王其俊	定價：240元
07	《韓非子》智慧名言故事	張富祥	定價：240元
08	《禮記》智慧名言故事	姜林祥	定價：240元
09	《國語》智慧名言故事	牟宗豔	定價：240元
10	《尚書》智慧名言故事	張富祥	定價：240元

先秦經典智慧名言故事

張樹驊主編

沈兵稚副主編

國家圖書館出版品預行編目資料

《周易》智慧名言故事 / 李秋麗 編
-- 一版. -- 臺北市 :廣達文化，2009.11
; 公分. -（經典智慧名言叢書：04）（文經閣）
ISBN 978-957-713-426-4（平裝）
1. 易經 2.格言 3.通俗作品
121.1　　98015529

本書感謝齊魯出版社授權出版

經典智慧名言叢書：04

《周易》智慧名言智慧

編者：楊曉偉

主編：李秋麗
副主編：沈冰稚

文經閣
出版者：廣達文化事業有限公司
Quanta Association Cultural Enterprises Co. Ltd

發行所：臺北市信義區中坡南路路 287 號 4 樓
電話：27283588　傳真：27264126
E-mail：siraviko@seed.net.tw

本公司經臺北市政府核准登記 登記證為局版北市業字第九三二號
印　刷：卡樂印刷排版公司　　　裝　訂：秉成裝訂有限公司

代理行銷：創智文化有限公司
臺北縣中和市建一路 136 號 5 樓　電話：22289828　傳真：22287858

一版一刷：2010 年 1 月

定　價：240 元

文經閣

貧者因書而富
富者因書而貴

文經閣

貧者因書而富
富者因書而貴